Josef Quack

Zur christlichen Literatur

im 20. Jahrhundert

Essay

© 2014 Josef Quack
Verlag: tredition GmbH, Hamburg
ISBN: 978-3-8495-7881-7
Printed in Germany

Bibliographische Information der Deutschen Nationalbibliothek:
Die Deutsche Nationalbibliothek verzeichnet diese Publikation in der Deutschen Nationalbibliographie; detaillierte bibliographische Daten sind im Internet über http://dnb.d-nb.de abrufbar.

Inhalt

Vorbemerkung

Jeder gewöhnliche Mensch lernt, was Dichtkunst ist, nur von großen Dichtern.

TH. HAECKER

Der folgende Essay beschäftigt sich mit dem erstaunlichen Phänomen, daß es in der Mitte des vergangenen Jahrhunderts eine Blüte der christlichen Literatur gab. Damals erschien eine beachtliche Reihe von Romanen, die christlich geprägt und zugleich Meisterwerke ihrer Gattung waren. Um diese singuläre Tatsache zu begreifen, bestimme ich zunächst den Begriff der christlichen Dichtung. Was damit konkret gemeint ist, erläutere ich am Beispiel ausgezeichneter Romane von Georges Bernanos, Graham Greene und Alfred Döblin.

Anschließend diskutiere ich die Frage, was unter diesen gattungstheoretischen Voraussetzungen von Autoren wie Werner Bergengruen, Edzard Schaper, Albrecht Goes oder Reinhold Schneider zu halten ist, *poetae minores*, die seinerzeit hochangesehen waren und viel gelesen wurden. Ein wenig ausführlicher werde ich die fünf wichtigsten Romane von Heinrich Böll besprechen, die zu ihrer Zeit ein starkes Echo fanden. Ich werde nachprüfen, ob sie uns heute noch etwas zu sagen haben oder ob sie inzwischen historisch geworden sind.

Was die Form der Darstellung angeht, so ist die folgende Arbeit im wesentlichen ein kritischer Kommentar zu einzelnen Texten der christlichen Dichtung. Denn ich teile die literaturtheoretische Ansicht von René Wellek: „Der natürliche und vernünftige Ausgangspunkt beim literaturwissenschaftlichen Arbeiten ist die Interpretation und Analyse der literarischen Werke selber. Schließlich rechtfertigen doch nur die Werke selber all unser Interesse am Leben eines Dichters, an seiner gesellschaftlichen Umgebung und an der gesamten literarischen Entwicklung." Ich folge also nicht der derzeit herrschenden biographischen Mode, die sich vor allem für das Leben eines Schriftstellers interessiert. Ich beurteile keine Personen, sondern Texte. Ich vertrete auch nicht die Auffassung, die während der siebziger und achtziger Jahre *en vogue* war, daß die Literatur einer Epoche als Teil oder Abbild der Sozialgeschichte dieser Epoche zu betrachten sei. Selbstverständlich bestreite ich nicht, daß die Literatur unter Umständen eine gesellschaftskritische Bedeutung haben kann. Bevor man diese und ähnliche Fragen aber überhaupt stellen kann, muß man das einzelne Werk genau analysieren und seine literarische Bedeutung zu bestimmen versuchen.

Der Arbeit liegt die Überzeugung zugrunde, daß das einzelne Werk die primäre Einheit der Literatur ist. Bewegungen, Schulen, Gruppen oder

Strömungen sind dagegen sekundäre Erscheinungen, die erst beschrieben werden können, wenn man die einzelnen Werke zur Kenntnis genommen hat. Es wird sich herausstellen, daß es entgegen einer weitverbreiteten Meinung in der Nachkriegszeit nicht eine Bewegung der christlichen Literatur gegeben hat, wohl aber eine Vielzahl von Romanen christlicher Couleur. Auch werde ich den heiklen Punkt behandeln, ob man derartige Texte nur verstehen kann, wenn man die Überzeugung dieser Romanciers teilt.

Schließlich liegt es in der Natur der Sache, daß man über die moderne christliche Literatur nicht schreiben kann, ohne die Essayisten dieser Richtung zu erwähnen. Der Hauptakzent meiner Erörterung liegt zwar auf der Romandichtung. Gewiß gibt es auch im Drama und in der Lyrik der Zeit ausgezeichnete Werke, die einen dezidiert christlichen Charakter haben – ich werde nur einige Verse von Bergengruen besprechen. Alles in allem reichen jene Dichtungen in ihrer Bedeutung aber nicht an die Romane von Bernanos, Greene und Döblin heran und zwar nicht nur deshalb, weil das epische Prosawerk die dominierende Gattung unserer Zeit ist. In diesem Sinne verstehe ich auch das bekannte Diktum Rudolf Borchardts: „Die Poesie eines Zeitalters ist nicht immer, ist nicht einmal meistens, in seinen Versen". Doch werde ich diese interessante Frage hier nicht untersuchen, ich möchte nur noch erwähnen, daß in der repräsentativen Anthologie zu unserem Thema, *Deutsche geistliche Dichtung* (1958), herausgegeben von Friedhelm Kemp, kein einziges Gedicht aus der Nachkriegszeit zu finden ist.

Die Frage nach den Essayisten ließ sich aber nicht umgehen, da sie Wesentliches zur Erhellung des christlichen Standpunktes in ihrer Epoche beigetragen haben. Außerdem habe ich der Arbeit einen Exkurs über das Problem der religiösen Sprache heute eingefügt. Untersucht werden kirchliche Texte, die auf krasse Weise belegen, daß man hier und heute von einem kultivierten Sprachbewußtsein kaum noch reden kann. Sie bilden den trüben Hintergrund, vor dem sich die besprochenen Essays leuchtend abheben.

Erwähnen möchte ich noch, daß die vorliegende Arbeit auf ein Kapitel meines Buches *Diskurs der Redlichkeit* (2011) zurückgeht, wo ich Begriff und Beispiele der christlichen Dichtung expliziert habe. Die dort gegebenen Erklärungen habe ich meinen jetzigen Zwecken angepaßt, ergänzt und fast vollständig umgearbeitet.

Danken möchte ich Manuela Paust sehr dafür, daß sie den „Exkurs über das Problem der religiösen Sprache heute" mit kritischem Blick durchgesehen und sachkundige Verbesserungen vorgeschlagen hat.

I. Was ist christliche Dichtung?

Der vielberufene „christliche Standpunkt" vermag eine ganze Welt zu veröden, wenn er einseitig, puritanisch, sozusagen totalitär vertreten wird; aber wie reich wird erst die Welt, wenn der Gedanke an eine bessere sie nicht subtrahiert, sondern zur höheren Potenz erhebt! Wir sehen nur, weil es ein Unsichtbares gibt.

S. v. RADECKI

Wer über christliche Kunst und Literatur schreibt, sollte sagen können, was er unter dem Christlichen versteht. Gelegentlich hat man behauptet, es sei unmöglich, über das Wesen des Christentums eine klare Auskunft zu geben, da es viele Konfessionen und zahlreiche Sekten gebe, die alle eine besondere Form des Christentums verkörperten. Es gebe also nicht das Christentum in der Einzahl, sondern nur Christentümer in der Mehrzahl. Ich halte diese Meinung nicht für überzeugend. Es gibt zwar verschiedene Eulenarten, aber selbstverständlich kann man eine Eule sehr gut von einer Taube unterscheiden. So kann man auch das Christentum vom Islam oder vom Judentum klar unterscheiden.

Mit Bertrand Russell bin ich der Auffassung, daß für die Lehre des Christentums drei Merkmale wesentlich sind: der Glaube an die Existenz Gottes, der Glaube an die besondere Natur Christi und der Glaube an die Unsterblichkeit der Seele.

Das entscheidende Merkmal, die *differentia specifica* des Christlichen, von der sich auch sein Name herleitet, ist natürlich der zweite Punkt, und wer wissen will, was man in der Tradition darunter verstanden hat, sieht sich auf das „erste Dogma" verwiesen, von dem sich die weiteren Glaubenssätze herleiten lassen, auf die Natur Christi: „Daß Christus nicht etwa ein begnadeter Mensch, ein religiöses Genie wie etwa Buddha oder Zoroaster war, sondern daß er wahrhaftiger Mensch *und* wahrhaftiger Gott, die zweite Person der Gottheit, daß er Sohn des lebendigen Gottes ist. Das und nichts anderes ist das Grunddogma des Christentums." (Radecki 1964, 49f.) Damit sind jene Merkmale bezeichnet, die als die drei absoluten Mysterien des Christentums gelten: Trinität, Inkarnation und Gnade. In einem luziden Aufsatz hat Radecki auch versucht, mit einfachen Worten und sinnfälligen Beispielen zu erläutern, wie man sich den Glaubenssatz von der Trinität in den Grenzen des menschlichen Verstandes wenigstens in Umrissen auslegen kann (Radekki 1961, 94ff.).

Auch Karl Rahner hat sich bemüht, diese Phänomene und ihren Zusammenhang verständlich zu machen, soweit dies bei Mysterien im strengen Sinn überhaupt möglich ist. Er umschreibt die zentrale Idee des Christentums mit der Denkfigur der Selbstmitteilung und faßt in einem einzigen Satz zusammen, was das Wesen des Christentums ausmacht. Gott wolle sich „in absoluter Selbstmitteilung dem menschlichen Geist mitten in der Erfahrung seiner endlichen Leere mitteilen; diese Nähe hat sich nicht nur in dem, was wir Gnade nennen, sondern auch in geschichtlicher Greifbarkeit in dem ereignet, den wir den Gottmenschen nennen; in diesen beiden Weisen der göttlichen Selbstmitteilung ist – durch deren radikale Absolutheit und auf Grund der Identität des ‚An-sich' Gottes und seines ‚Für-uns' – auch die Doppeltheit eines innergöttlichen Verhältnisses mitgeteilt und so geoffenbart, also das, was wir als die Dreipersönlichkeit des einen Gottes bekennen." (Rahner 1966, 35)

Damit sind außerordentlich schwierige Fragen aufgeworfen, die hier aber nicht im einzelnen erörtert werden können. Es wäre vor allem zu untersuchen, wie der Begriff der Selbstmitteilung, der sich schon bei Thomas findet, genau zu verstehen ist (*S. th.* I, 30, 2; cf. Rahner 1976, 123ff.). Man mag über den komplizierten Gelehrtenstil Rahners den Kopf schütteln, doch muß man anerkennen, daß er zumindest den Versuch gemacht hat, das undurchdringlichste Geheimnis der christlichen Religion in zeitgemäßer Sprache zu formulieren. So wie Thomas die christlichen Gedanken im Medium der aristotelischen Philosophie auszudrücken versuchte, so war Rahner bemüht, die christlichen Ideen in der Begriffssprache der modernen Existenzphilosophie auszudrücken. Mit anderen Worten, so wie die Romanciers dieser Tage versucht haben, christliche Vorstellungen in der Sprache unserer Zeit wiederzugeben, so hat Rahner als einer der letzten Theologen versucht, die traditionellen Ideen des Glaubens in die Sprache einer zeitgenössischen Philosophie zu übersetzen.

Soviel in aller Kürze zu den wichtigsten Unterscheidungsmerkmalen des Christlichen. Sie bilden die thematische Grundlage, auf der man eine kontroverse Diskussion führen kann (cf. Russell 1968, 17f.). Es gab natürlich immer auch Bewegungen, die von der Hauptströmung des Christlichen abwichen. Das hindert aber nicht daran, daß man die Hauptrichtung beschreiben kann.

Was nun die Frage der christlichen Dichtung angeht, so hat Theodor Haecker ein paar Begriffsbestimmungen vorgenommen, die sich bis heute bestens bewährt haben. Haecker war philosophischer Schriftsteller, Übersetzer und Kommentator Kierkegaards. Kierkegaard aber hat von allen modernen Philosophen die Kategorien des Ästhetischen, Ethischen und Religiösen am schärfsten unterschieden, und seine begrifflichen Unterscheidungen liegen den Definitionen Haeckers offensichtlich zugrunde. Um das unhandliche Problem, was mit christlicher Dichtung gemeint sein kann, in den Griff zu bekommen, empfiehlt es sich also, im Anschluß an Theodor Haecker drei Gruppen christlicher Kunst zu unterscheiden.

Milieuroman

Die erste Gruppe ist die fragwürdigste, nämlich jene „Kunst, die rein äußerlich mit christlichen Gegenständen thematisch sich beschäftigt; sie verdient den Namen christlich nur in einem sehr entfernten Sinn oder oft überhaupt nicht" (Haecker 1958, 482). Um ein erlauchtes Beispiel aus jüngerer Zeit zu nennen: Ist der *Name der Rose* (1982) von Umberto Eco eine christliche Dichtung? Das Buch ist ein historischer Roman über das christlich geprägte Alltagsleben und einige hochdramatische kirchenpolitischen Konflikte im 14. Jahrhundert. Es ist ein Ideenroman über die Metaphysik der Tradition und den damals aufkommenden Empirismus, ein alexandrinischer Roman voller Anspielungen und gelehrter Zitate, ein Roman, dessen Handlung in einem Kloster spielt. Aber deshalb ist er doch nicht schon ein christlicher Roman.

Dennoch hat ein Interpret, Leonardo Lattarulo, den *Namen der Rose* zu dieser Gattung gerechnet, aber nicht deshalb, weil der Roman ein christliches Milieu beschreibt, sondern wegen der Einsicht, zu der Protagonist der Erzählung am Ende kommt. Der Kritiker greift auf das berühmte Argument der Grenze von Hegel zurück, wonach eine Grenze ziehen bedeutet, schon über die Grenze hinwegzusein. Indem William von Baskerville, der Held des Romans, auf die Totalität der Wahrheit verzichte und zur Einsicht seiner Begrenztheit gelange, rege „sich noch immer der Wunsch nach dem Grenzenlosen, und so empfindet er die Begrenztheit und Endlichkeit, in der er den Menschen befangen sieht, als eine Schuld". Daraus folgert der Kritiker: „In diesem Sinne ist Ecos Roman, trotz seiner intendierten komischen Profanierung und karnevalesken Verkehrung der Werte, ein zutiefst christlicher Roman." (Latturolo 1989, 61)

Ich möchte diese Frage nicht weiter diskutieren, sondern nur anmerken, daß Lattarulos Argument überzeugender wäre, wenn er sich nicht auf die Metapher der Grenze stützen würde. Auch sei darauf hingewiesen, daß die Rede von der „karnevalesken Verkehrung der Werte" mißverständlich ist, insofern sie als nihilistische Umwertung aller Werte verstanden werden könnte. Wie Michail Bachtin nachgewiesen hat, enthält das Weltempfinden der karnevalistischen Tradition aber „nicht ein Körnchen Nihilismus", so wenig wie die *Parodia sacra* eine Verneinung christlicher Wahrheiten bedeutet (Bachtin 1985, 180).

Als zweites Beispiel sei der Roman *Todo modo oder Das Spiel um die Macht* (1977) von Leonardo Sciascia (1921-1989) genannt, der die Zustände der italienischen Kirche aufs Korn nimmt. Er gibt von einem moralischen Standpunkt aus eine lebendige satirische Schilderung vom geistigen Verfall der Kirche, von jenem Phänomen, das man kirchlichen Positivismus genannt hat (Haecker 1958, 342). Gemeint ist die Einstellung jener Kleriker, die selbst nicht gläubig sind, die politisch-gesellschaftliche Macht und den Einfluß ihrer Institution aber skrupellos verteidigen. Die Kritik des Autors ist moralisch begründet, doch kann man fragen, ob sie nicht auch aus christlichem Geist erfolgt. Auch kann man zweifeln, ob seine Klage über die trivialisierte Form des Gottesdienstes wirklich nur aus ästhetischen Motiven erfolgt. Wir haben den gar nicht so seltenen Fall eines Autors vor uns, der sich als Bürger der nachchristlichen Zeit versteht und den real existierenden Katholizismus aus der Perspektive des Glaubens beurteilt. Der ehemalige Christ, der die Christenheit im Namen der dem Christentum eigenen Ideale kritisiert, scheint eine epochentypische Figur zu sein. Helmut Groos spricht von einem Heimweh, verbunden mit „der Gewißheit, daß es keine Rückkehr gibt" (Groos 1987, 413).

In literarischer Hinsicht ist der Roman bemerkenswert, weil er in der diffizilsten und reizvollsten Form der Ich-Erzählung geschrieben ist. Unter diesem Aspekt kann man ihm allenfalls den Roman *Der stille Amerikaner* von Graham Greene an die Seite stellen (cf. Quack 2000, 157f.), und es ist nicht auszuschließen, daß Sciascia in diesem Punkt von Greene, den er sehr schätzte, beeinflußt wurde. Leider ist die deutsche Übersetzung holprig und fehlerhaft.

Wer über den Roman des christlichen Milieus spricht, sollte die breiteste Sparte zumindest erwähnen: den riesigen Strom der Unterhaltungs- und Kolportageliteratur, die Fortsetzungsromane der kirchennahen Publizistik, die eine konservative, bestätigende Funktion hatten und selten von künstlerischem Wert waren. Das bekannteste Blatt dieser Unterhaltungsliteratur, eine Art Gegenstück zur *Gartenlaube*, war der *Deutsche Hausschatz*. In dem „führenden Familienblatt des Katholizismus" hat übrigens Karl May einige seiner trivialsten und einige seiner besseren Erzählungen unterbringen können (Wollschläger 1977, 59; 166f.).

In diesen Kontext gehört auch der Heimatroman, der in weiten Kreisen der Leser hochgeschätzt war. Um ein besseres Beispiel dieser Gattung zu nennen, sei *Heimat aus Gottes Hand* (1948) von Luis Trenker erwähnt. Zweifellos besitzt Trenker ein unverächtliches natürliches Erzähltalent, um das ihn mancher Vertreter der hohen Literatur beneiden könnte. Zum wirklichen Romancier aber fehlt ihm der kritische Impuls, desgleichen die intellektuelle Entschiedenheit. Unter allen Umständen auf Harmonie bedacht, geht er über die tiefen existentiellen Probleme und die gesellschaftlichen Konflikte allzu flüchtig hinweg.

Sakrale Kunst

Die zweite Gruppe der christlichen Kunst läßt sich eindeutig bestimmen: die sakrale Kunst, die an die christliche Symbolik gebunden ist und im Dienst der Liturgie steht. Hier kann ich mich mit dem allgemeinen Hinweis begnügen, daß es in der sakralen Kunst, was Musik, Malerei, Baukunst und Poesie angeht, Kunstwerke höchsten Ranges gab; es gab und gibt leider aber auch Gebilde, die man, da sie nun mal einen Kunstanspruch erheben, nur als Kitsch bezeichnen kann. Auf der einen Seite der Gregorianische Choral, die *Krönungsmesse*, die *Missa solemnis*, auf der anderen Seite der heute weithin beliebte Sakral-Pop. In der Dichtung entstanden Hymnen wie das „Stabat mater" und „Dies irae", Höhepunkte der lateinischen Poesie, die in der römischen Antike nicht ihresgleichen haben. Von ihnen sagt Ernst Robert Curtius: „Vor Dante gibt es nichts, was ihnen an Kunst vergleichbar wäre." (Curtius 1984, 393)

Dazu wäre anzumerken, daß die eindrucksvolle Erhabenheit des „Dies irae" sich gewiß auch dem Umstand verdankt, daß in diesem Hymnus der Reim außerordentlich kunstvoll verwendet wird, und man sollte sich bewußt sein, daß der Endreim als poetische Kunstform in der Antike unbekannt war. Der Reim, eine der bedeutendsten Neuerungen der europäischen Lyrik, ist sakralen Ursprungs. Er entstand in der christlichen lateinischen Hymnendichtung des 4. Jahrhunderts (Radecki 1956, 101).

Christliche Dichtung

Bei der dritten Gruppe handelt es sich um „die eigentliche christliche Kunst im vollen Sinne, die in dem, der sie hervorbringt, das christliche Leben und die objektive Gnade des trinitarischen Gottes voraussetzt, wie zum Beispiel die Gedichte des heiligen Johannes vom Kreuz." Dabei sollte man beachten, daß man das Problem einer christlichen Kunst überhaupt erst in den Blick bekommt, wenn man das theologische Prinzip beachtet, das da lautet: „Gratia supponit naturam" (Die Gnade setzt die Natur voraus) (Haecker 1958, 482f.). Damit ist nichts anderes gemeint, als daß bei christlicher Kunst, auch bei sakraler Kunst, alle jene Bedingungen der Meisterschaft und Genialität vorausgesetzt werden müssen, die die Grundlage jeder Kunst bilden, und es bedeutet, daß eine christliche Kunst dann zu einer gefährlichen, unkünstlerischen Mittelmäßigkeit oder „einer rein formalen, leeren Zeichensprache" mutiert, wenn sie nicht von christlichem Geist belebt wird.

Im folgenden beschränke ich mich auf das Problem des christlichen Romans. Wir können nur dann von einem christlichen Roman sprechen, wenn es sich um ein Werk handelt, das Welt und Mensch von einem christlichen Standpunkt aus betrachtet. Das heißt, daß in dieser Literaturgattung nicht nur anerkannt wird, daß Welt und Mensch eine metaphysisch-religiöse Dimension haben, sondern auch, daß diese Dimension im Sinne der christlichen Lehre zu verstehen ist. Sie muß keineswegs explizit erörtert werden, ihre Kerngedanken sollten jedoch als bestimmender Hintergrund bemerkbar sein.

Dies war auch das Konzept Alfred Döblins. In seinem Spätwerk hatte er kein anderes Ziel, als das unverkürzte Bild des Menschen, das die religiöse Dimension umfaßt, zur Geltung zu bringen. Ähnliches läßt sich auch von Greene sagen, der aus dem Fehlen dieser Dimension die konkretesten Folgen für die Erzähltechnik ableitet: „Einem Gläubigen bedeutet der Mensch mehr als einem Atheisten. [...] Ich glaube, daß die mangelnde Plastizität der Figuren bei E.M. Forster, Virginia Woolf oder Sartre, zum Beispiel, verglichen mit der erstaunlichen Vitalität eines Bloom in Joyces *Ulysses* oder eines Père Goriot oder eines David Copperfield, vom Fehlen der religiösen Dimension bei den genannten Autoren herrührt." (Greene 1985, 159)

Was das Konzept der christlichen Dichtung angeht, so müssen noch zwei Mißverständnisse aus dem Weg geräumt werden, eine recht kuriose literaturtheoretische Fehlinterpretation und eine falsche historische Einschätzung.

In seinem weit verbreiteten *Sachwörterbuch der Literatur* behauptet Gero von Wilpert, „für die literarische Wertung" sei „das christliche Element an sich als außerliterarisches, weltanschauliches Ingrediens ohne Belang" (Wilpert 1989, 150). Es ist evident, daß Wilpert einen viel zu engen Begriff des Literarischen voraussetzt; für ihn ist das Literarische gleichbedeutend mit der künstlerischen Form. Genau betrachtet, behauptet er, daß es bei der ästhetischen Beurteilung eines literarischen Textes nicht auf den Sinn des Textes oder die Bedeutung der sprachlichen Zeichen ankomme, aus denen der Text besteht – was eine völlig absurde, sich selbst zerstörende Auffassung von Dichtung ist.

Dabei übersieht er den entscheidenden Punkt, daß der Wert eines Kunstwerks vor allem durch seinen Gehalt bestimmt wird. Unter Gehalt ist das zu verstehen, was in der Verbindung von künstlerischer Form und Inhalt eines Werkes ausgesagt wird. Der Inhalt von fiktiven Erzählungen gehört aber, wie Franz von Kutschera in seiner *Ästhetik* ausführt, „als Ganzes, wenn auch nicht in allen Teilen – dem Bereich der Erfindung an, ihr Gehalt hingegen nicht; er besteht immer in einer ‚Aussage' über die Wirklichkeit." (Kutschera 1989, 406) Die Bedeutung eines Kunstwerks besteht also gerade in seiner Beziehung zur außerliterarischen Sphäre, über die es etwas Relevantes sagt.

Wir haben es hier mit demselben Problem zu tun, das oft unter dem Stichwort der Tendenzdichtung behandelt wird. Man meint, man könne derartige Werke ästhetisch beurteilen, ohne ihr Thema zu berücksichtigen – was natürlich wiederum eine widersinnige Abstraktion ist. Man sagt etwa, Bert Brecht sei ein großer Dichter trotz der gesellschaftskritischen Tendenz oder der „Sache", die er verficht. Dazu bemerkt Günther Anders treffend: „Wenn er als Dichter groß ist, dann so wenig trotz seiner Tendenz, wie ein großer Liebesdichter groß ist trotz seiner Liebe [...]; Palestrina groß trotz seiner Christlichkeit." (Anders 1993, 148)

Zweitens, wenn von der christlichen Dichtung des 20. Jahrhunderts die Rede ist, denkt man zunächst an die französischen Schriftsteller, die man gewöhnlich unter dem Namen „Renouveau catholique" zusammenfaßt. Wilpert spricht hier ausdrücklich von „Gruppenbildungen", an anderer Stelle sagt er aber genauer, es handle sich nicht um eine „feste Schule" (Wilpert 1989, 170; 765). Richtig ist, daß die französischen Schriftsteller, die man unter diesem Titel zusammenfaßt, weder eine Schule noch eine Bewegung gebildet haben. Von einer künstlerischen Bewegung kann man dann sprechen, wenn sich eine Gruppe von Künstlern zusammenfindet, die einen gemeinsamen Stil pflegen und die gleiche geistige Einstellung teilen (Gombrich 1991, 73f.). Das war nun bei jenen französischen Schriftstellern keineswegs der Fall. Die poetischen Konzepte und die Auffassung vom wahren Christentum bei Paul Claudel und Georges Bernanos unterscheiden sich so sehr, daß man die beiden Autoren gewiß nicht einer literarischen Bewegung zuordnen kann. Bernanos hat immer heftig gegen die Glaubensvorstellung Claudels polemisiert, der der Idee der triumphierenden Kirche zuneigte, während er selbst das Ideal der Armut hochhielt. Gabriel Marcel empfiehlt denn auch mit Recht: „Persönlichkeiten von solcher Potenz und Einmaligkeit müssen einzeln, jeder für sich allein, betrachtet werden." (Marcel 1966, 61) Wenn sowohl Graham Greene als auch Heinrich Böll es immer entschieden abgelehnt haben, als katholische Schriftsteller bezeichnet zu werden, dann deshalb, weil sie sich nicht als Mitglied einer literarischen Bewegung der beschriebenen Art verstanden haben.

Die Hauptthese dieses Essays lautet nun, daß es für die Literatur in der Mitte des zwanzigsten Jahrhunderts nicht bezeichnend ist, daß es viele Autoren gab, die man zur christlichen Dichtung rechnen konnte; auffallend neu ist vielmehr das Phänomen, daß Schriftsteller ersten Ranges Romane schrieben, die dezidiert christlich und zugleich Meisterwerke der Gattung waren (Münster/ Kogon 1948, 814). Auch für diese Romane gilt der allgemeine Grundsatz, den Ernst Gombrich für die Beurteilung von Kunst in die Worte faßt: „Gerade weil viele Kunstwerke in einem mehrfachen Beziehungsgefüge stehen (indem sie einerseits ein religiöses Bedürfnis befriedigen und anderseits ein künstlerisches ‚Problem' zu lösen suchen), kann man sie nicht ohne Gefahr losgelöst von ihrem Zusammenhang besprechen." (Gombrich 1978, 146)

Die hervorragenden Kunstwerke christlicher Prägung zeichnen sich durch die folgenden charakteristischen Merkmale aus: Sie entsprechen den Idealen des ästhetischen Normensystems, was im Fall des Romans bedeutet, daß sie sich an die Normen der narrativen Poetik halten, und sie richten sich nach den Idealen des religiösen Normensystems, ihr Menschenbild entspricht den Grundgedanken des christlichen Glaubens, die ich eingangs beschriebe habe. Hinzukommt ein zeitgeschichtliches Merkmal, das die historischen Umstände des künstlerischen Schaffens, die gesellschaftlichen und weltanschaulichen Bedingungen der Epoche betrifft. Das Kernproblem der christlichen Dichtung der Moderne besteht darin, für religiöse Vorstellungen eine Sprache zu finden, die in der gegenwärtigen Öffentlichkeit, die bekanntlich eine säkulare, religiös indifferente, meist uninteressierte Öffentlichkeit ist, verstanden werden kann. Dieses Problem haben die hervorragenden Kunstwerke christlicher Provenienz überzeugend gelöst.

Wenn man erfahren will, was christliche Dichtung konkret bedeutet, muß man sich also an die Meisterwerke halten und nicht an die trübe Serie konventioneller Romane. Dieser methodische Grundsatz gilt übrigens für jede Gattungsbestimmung (Quack 2004, 135f.). Es ist deshalb entlarvend, wenn die an christlicher Literatur Interessierten jede Neuerscheinung, mag sie noch so kümmerlich sein, dankbar begrüßen, wenn sie nur religiös angehaucht ist

– eine Gesinnungskritik im pejorativen Sinn, aber mit langer Tradition, und es versteht sich, daß in dieser ästhetisch unbedarften, kulturell rückständigen Tradition für Döblins Werk kein Platz war.

Im Schlußwort werde ich ein paar Worte über die gegenwärtige Situation der christlichen Dichtung sagen. Hier will ich zunächst die drei bedeutendsten Romane der Moderne beschreiben, die man zur christlichen Literatur rechnen kann: das *Tagebuch eines Landpfarrers* (1936) von Georges Bernanos, *Die Kraft und die Herrlichkeit* (1940) von Graham Greene und *Hamlet oder Die lange Nacht nimmt ein Ende* (1946 geschrieben, 1956 veröffentlicht) von Alfred Döblin.

II. Beispiele

Tagebuch eines Landpfarrers

Wie sein Meisterwerk belegt, verfügte Georges Bernanos (1888-1948) über alle jene literarischen Gaben, die einen großen Romancier ausmachen. Wie Georges Simenon war er ein Genie der sinnlichen Vergegenwärtigung. Man findet bei ihm die anschaulichsten Milieuschilderungen von höchster Eindringlichkeit. Das gleiche gilt von der Darstellung der Personen, die uns wie selbstverständlich als lebendige Wesen entgegentreten, mit einem komplexen Charakter, wie sie nur ein Erzähler mit gesundem Menschenverstand darstellen kann. An erster Stelle wäre natürlich der arme, junge Landpfarrer zu nennen, der uns seine Geschichte und die Geschichte seiner Begegnungen erzählt – wie nur ein begabter Erzähler schreiben und schildern kann. Daß eine solche Figur, ein kaum gebildeter Dorfpfarrer, der alles andere als ein glänzender Prediger ist, ein Schriftsteller von Format ist, ist die einzige Konzession, die man dem Autor machen muß.

Der Protagonist des Romans ist nicht nur ein geschickter Erzähler, sondern auch ein Essayist von hohen Graden, der einen untrüglichen Blick für die moralischen Verhaltensweisen und Einstellungen der Personen hat, auf die er trifft, und dieser Blick bewährt sich vor allem dort, wo der Erzähler sich selbst beschreibt. Die existentielle Selbstanalyse des Diaristen ist von einer Nüchternheit, die von Sentimentalität ebenso frei ist wie von Selbstüberschätzung, eine Gefahr, die dem Tagebuchführen immanent zu sein scheint. Der gravierendste Fehler, den man sonst einem Tagebuch vorhalten kann, lautet, daß der Schreiber sich selbst als Person viel zu wichtig nimmt, sonst würde er sich nicht ständig beobachten und über sich schreiben. Diesen Vorwurf kann man dem Protagonisten dieses Tagebuchs nicht machen. Er bringt das Kunststück fertig, von sich zu reden, ohne sich wichtig zu nehmen und ohne den Anschein falscher Bescheidenheit zu erwecken. Seine psychologischen Beschreibungen, so fein sie auch sind, kommen übrigens ohne den Fachjargon der Psychologie aus; sie sind Früchte des nüchternen Menschenverstandes, der sich nichts vormachen läßt.

Nicht zuletzt enthält der Roman auch außerordentlich kluge, ansprechende Unterhaltungen, an denen andere Personen beteiligt sind. Der Diarist schreibt diese Gespräche auf, erfunden hat sie der Autor, Bernanos, selbst, der darin zur Sprache bringt, was ihm auf der Seele brennt: die soziale und geistige Misere der jetzigen Welt, die eine nachchristliche, säkulare Welt ist,

18

zwei Jahrzehnte nach der Sozialistischen Revolution in Rußland, und die immergleichen, elementaren Fragen des christlichen Glaubens, über Armut, Tod, Unsterblichkeit, Gnade und die Natur des Bösen. Dieser Dorfpfarrer besitzt ein Talent, das nur wenigen Theologen verliehen ist. Er vermeidet den salbungsvollen Ton ebenso wie die Schulterminologie, er gibt die religiösen Wahrheiten in normaler Sprache wieder, ohne sie zu banalisieren – wie das heute im Gefolge der spirituellen Mode allzu häufig der Fall ist.

Der Erzähler dieses Romans aber spricht die authentische Sprache Pascals und er denkt über die Frage des Bösen nach, der er nicht ausweichen kann. Der Roman ist nach einer literarischen Gattung benannt, er hätte auch „L'ennui“ (die Langeweile, der Lebensüberdruß) heißen können. Der Geistliche beginnt seine Notizen nämlich mit der Feststellung, daß seine Pfarrei „vom Stumpfsinn (l'ennui) geradezu aufgefressen“ werde (Bernanos 1963, 5; 1970, 7), und in der Mitte der Aufzeichnungen stellt sich heraus, daß es sich bei dieser Befindlichkeit um nichts anderes als um eine Erscheinungsform des Bösen handelt.

Wie der Sprecher nun das Problem erörtert, ist in logisch-semantischer Hinsicht mustergültig. Es läßt sich in einer rationalen Analyse begründen, daß es gerechtfertig ist anzunehmen, daß das Böse existiert, und man kann diesen Satz nicht einfach durch den Satz ersetzen, daß alle Menschen, die böse sind, es durch und durch sind. Es gibt nämlich böse Menschen, die es nicht in jeder Hinsicht sind. Ein solcher Typus stellt übrigens der mexikanische Revolutionär in Greenes Roman dar, auf den ich gleich zu sprechen komme. Demnach ist es rational begründet, die Existenz des Bösen anzunehmen. Soweit hätten wir es mit einem ethischen Standpunkt zu tun, der die Existenz ideeller oder abstrakter Gegenstände annimmt. Die christliche Deutung besteht darin, daß das Böse als Werk des personifizierten Bösen verstanden wird.

Der Landpfarrer wirft nun dem Historiker, dem Moralisten und auch dem Philosophen vor, daß sie nur den Verbrecher sehen wollen: „Sie schaffen sich ein Bild des Bösen nach dem Gleichnis des Menschen. Vom Bösen selbst machen sie sich überhaupt keine Vorstellung, von dieser ungeheuren Anziehungskraft des Hohlen, des Nichts. Denn wenn unser Geschlecht untergehn soll, dann wird es an Ekel (dégoût), an Lebensüberdruß (ennui) untergehn.“ Und er fügt die nachdenklich stimmende Bemerkung hinzu, daß die modernen Massenkriege nicht „von einer erstaunlichen Tatkraft des Menschen zu zeugen scheinen“, sondern „im Gegenteil dessen stets wachsende Abstumpfung bekunden“ (*Journal*, 127; *Tagebuch*, 150.). Ergänzt werden diese Überlegungen durch Beobachtungen zur Mittelmäßigkeit, die religiös schwer zu begreifen ist und hier geradezu als „eine Falle des Teufels" bezeichnet wird (*Tagebuch*, 124).

Das zweite Thema des Romans, das ich besprechen möchte, ist die Frage, wie sich das biblisch-christliche Verständnis der Armut zu dem aktuellsten Problem der Gesellschaftskritik verhält, zu der sozialen Frage und zur russischen Revolution, die gleichsam noch zur Gegenwart des Romans gehört. Nirgends wird deutlicher als hier, daß der Landpfarrer nicht das Ideal der triumphierenden Kirche, sondern das der dienenden Kirche verkörpert. Daraus erklärt sich auch der schroffe Gegensatz zu Paul Claudel, der namentlich angegriffen wird, weil er behauptet hat, die Heiligkeit sei „erhaben" (sublime) (l.c. 205). Es macht gerade die besondere Bedeutung des Romans aus, daß das von Bernanos geschilderte Leben, das man heiligmäßig nennen kann, weder erhaben noch sublim ist.

Da der Tagebuchschreiber selbst aus ärmsten Verhältnissen stammt, idealisiert er die Armen nicht, er betrachtet ihre menschlichen Schwächen und ihr moralisches Elend vielmehr mit dem schonungslosen Blick des Naturalisten aus der Schule Zolas. Er sieht aber auch die Würde des Armen, von dem es heißt: „Aufsässig ist er einem noch lieber als in sein Schicksal ergeben, er scheint schon zum Reich Gottes zu gehören, wo die Ersten die Letzten sein werden." (l.c. 57) Es braucht hier nicht ausgeführt zu werden, daß mit dieser Sicht der Armut die schärfste Kritik an der Habgier der Reichen und der Verbürgerlichung der Kirche verknüpft ist: „Nach zwanzig Jahrhunderten Christentum, Himmeldonnerwetter, da dürfte es doch keine Schande mehr bedeuten, arm zu sein!" (l.c. 89) Wohlgemerkt, die Rede ist von der französischen Kirche, die nach einem Wort Alfred Grossers fast so arm ist, wie sie es nach dem Evangelium sein sollte.

Ein spätes literarisches Echo hat diese Sicht der Armen übrigens bei Heinrich Böll, in seinem Roman *Fürsorgliche Belagerung* (1979), gefunden; ich werde darauf zurückkommen. Böll beruft sich in einem versteckten Zitat auf Léon Bloy, dem auch Bernanos geistig verpflichtet ist.

Grade des Verstehens

Wir haben gesehen, daß es einigermaßen widersinnig wäre, einen literarischen Text ästhetisch beurteilen zu wollen, ohne seinen Sinn oder sein Thema zu berücksichtigen. Der Sinn einer christlichen Dichtung ist aber religiöser Art, und damit taucht das Problem auf, wie ein Leser den Sinn eines christlichen Romans verstehen kann, wenn er selbst den christlichen Standpunkt nicht teilt. Nun hat es Leser gegeben, die das *Tagebuch eines Landpfarrers* bewundert haben, obwohl sie die christliche Überzeugung des Autors nicht teilten. Wie ist das möglich? Es heißt zwar, daß man ein Werk auch verstehen kann, wenn man die dargestellte Wahrheit nicht billigt. Doch gilt es genauer hinzusehen. Wenn Hans-Georg Gadamer recht hat, daß Verstehen bedeutet, sich mit dem Dialogpartner mittels der Sprache in der Sache zu verständigen, stellt sich das Problem ein wenig anders dar (Gadamer 1965, 287). Wirkliches Verstehen im Gespräch ist danach nur möglich, wenn man dem anderen zugesteht, daß das, was er sagt, wahr sein könnte, und das heißt wiederum, daß man eine gedankliche Grundlage voraussetzt, die man mit dem anderen gemeinsam hat.

Hans Erich Nossack, der sich zwar nicht als Christ versteht, aber doch Verständnis für Fragen hat, die die religiöse oder existentielle Dimension des Menschen betreffen, hat eine Grundlage entdeckt, die ihn den Roman verstehen läßt. Er kann den Schlußsatz des Romans, „Alles ist Gnade", deshalb unterschreiben, weil er ihn als Einsicht in die menschliche Misere deutet: „Für den einzelnen kommt alles darauf an, sein Elend als eine einzigartige Möglichkeit zu akzeptieren, die dem Menschen gewährt ist." Nossack faßt die christliche Denkform bei Pascal oder Bernanos als Ausdruck einer allgemeinmenschlichen Wahrheit auf: „Dieser Not sehen sie so aufrichtig und unter schonungslosem Einsatz ihrer Person in die Augen, daß auch die allerchristlichste Vokabel zu einem menschlich-kreatürlichen Dokument wird, vor dem ich mich erschüttert verbeuge." (Nossack 1961. 28) Auf ähnlicher Grundlage urteilt Siegfried Kracauer, wenn er die Verfilmung des Romans bespricht. In diesem Film, sagt er, „beglaubigt das Gesicht des jungen Priesters mit eigentümlicher Kraft die ehrfurchtgebietende Realität seines religiösen Glaubens, seiner spirituellen Anfechtungen" (Kracauer 1973, 397).

Wenn Jean-Paul Sartre dagegen das „großartige" *Journal* von Bernanos lobt, bezieht er sich ausdrücklich auf die Tradition der christlichen Bildung, die es auch Nichtgläubigen, wenn sie in dieser Tradition aufgewachsen sind, ermöglicht, den Sinn dieses Werkes zu verstehen. Mögen wir auch in einer nachchristlichen, säkularen Welt leben, so ist doch die Kultur dieser Welt durch eine jahrhundertealte christliche Tradition tief geprägt; sie enthält „Leitschemata" der Imagination und der Sensibilität, so daß gilt: „Der radikalste Unglaube ist ein christlicher Atheismus". Weil selbst die atheistischen Leser in dieser Tradition stehen, können sie für die Zeit der Lektüre „im Imaginären" Christen sein und verstehen, wovon im Roman die Rede ist. Für ihn besteht die Kunst des *Journals* darin, daß der Autor „das ‚Transzendente', ohne die Immanenz zu verlassen, indirekt spürbar macht." Freilich rühmt er das Werk und seinen Protagonisten ironisch auf Kosten von dessen innerster Überzeugung: „Denn er ist gut, er ist rein – sogar in den Augen eines Atheisten –, dieser junge Pfarrer. Und wenn Gott tot ist, sind seine Taten müßig und seine Leiden allzu real, hat das Unglück das letzte Wort. Und wir lieben dieses sterbende Kind so sehr, daß wir zu seiner Rettung Gott wieder auferwecken." (Sartre 1978, Bd. 4,376f.)

Sieht man von dem ironischen Vorbehalt im Geiste Voltaires ab, so hat Sartre die überragende Kunst dieses zutiefst christlichen Romans treffend beschrieben. Er hat anerkannt, daß Bernanos die Gabe besaß, dem Menschen eine transzendente Dimension zu verleihen, und implizit eingeräumt, daß ihm selbst als Romancier diese Gabe versagt war.

Übrigens wurde Sartre von dem Roman des Bernanos sowohl formal als auch thematisch stark beeinflußt. Sein erster und bedeutendster Roman, *La naussée* (1938), ist zwei Jahre nach dem Buch von Bernanos erschienen. Er hat von diesem Werk die Tagebuchform übernommen, und einige Reflexionen über existentielle Einstellungen wurden offensichtlich von dem Text Bernanos' angeregt. Was im *Journal* unter dem Stichwort ‚l'ennui' erörtert wird, entspricht dem Phänomen, das Sartre aus der Perspektive einer säkularen Philosophie unter dem Stichwort ‚la nausée' (der Ekel) betrachtet. In seiner Programmschrift *Was ist Literatur?* (1948) behauptet er zwar, die Realität des radikal Bösen erst durch die historische Erfahrung von Krieg und Nazismus erkannt zu haben, vorweggenommen aber wurde diese Erkenntnis in der französischen Literatur durch das Romanwerk von Bernanos.

Was Sartre über die auch in säkularen Zeiten anhaltende Wirkung der christlichen Bildungstradition ausgeführt hat, entspricht ungefähr dem, was Bertrand Russell über das „christliche Lebensgefühl" geschrieben hat, das auch Nichtgläubige bis zu einem gewissen Grad haben können: „In einer Kirche fühlte ich mich zu meinem Erstaunen weit mehr zu Hause als etwa im Parthenon oder in irgendeinem anderen Gebäude aus heidnischen Tagen. Dabei wurde mir klar, daß christliches Lebensgefühl weit mehr Einfluß auf mich besaß, als ich geglaubt hatte. Es war dies eine Macht über meine Gefühle, nicht jedoch über meine Anschauungen." (Russell 1974, 92)

Was Sartre und Nossack am konkreten Beispiel ausführen, hat Franz von Kutschera grundsätzlich erörtert, die Frage nämlich, ob man die „Ansichten des Autors teilen muß, um das Werk richtig würdigen zu können". Er unterscheidet dabei zwischen einem rein ästhetischen Erleben eines Kunstwerks und dem tatsächlichen Erleben eines Kunstwerks, das dann vorliegt, wenn der Rezipient das Werk nicht nur distanziert betrachtet, sondern sich von ihm tatsächlich etwas sagen läßt. D.h., wenn das Werk für ihn von lebenswichtiger Bedeutung ist (Kutschera 1989, 228). Auch gibt es Unterschiede in der Wirkung, die das Kunstwerk ausübt: der Glaubende wird von dem Werk anders berührt als der Rezipient, der das religiöse Thema als eine überholte oder belanglose Vorstellung betrachtet. Doch kann auch ein Nichtgläubiger ein religiöses Werk insofern würdigen und von ihm berührt sein, als er in der Darstellung den Ausdruck einer allgemein-menschlichen Wahrheit sieht, die auch ihn angeht. Dies war der Fall Nossacks.

Kutschera hält es auch, wie Sartre, für möglich, daß ein Nichtgläubiger bis zu einem gewissen Grad nachvollziehen kann, wie ein Betrachter das Werk erlebt, der von seiner Wahrheit überzeugt ist. Derart sich an die Stelle eines gläubigen Betrachters zu versetzen ist eine Art ‚hypothetischen Erlebens‘, das gewöhnlich als Einfühlung bezeichnet wird – auf diese Art würde man „den Gehalt eines Werkes nicht nur intellektuell, sondern auch erlebnismäßig erfassen“. Er ist sich der Problematik der Einfühlungstheorie des Verstehens wohl bewußt und betont mit Recht: „Der Unterschied zum tatsächlichen (‚kategorischen‘) Erleben wird damit aber nicht aufgehoben. Solange wir nicht ein Körnchen Wahrheit in den Vorstellungen finden, ein Körnchen kognitive Relevanz im Erleben, das es ausdrückt, bleibt es für uns totes Kulturinventar.“ (l.c. 229)

Aus diesen Überlegungen folgt, daß es sowohl am Kunstwerk als auch am Betrachter liegen kann, wenn der künstlerische Gehalt eines Werkes nicht erfaßt wird. Dies ist dann der Fall, wenn das Werk ästhetisch mißlungen ist, der Gehalt also nicht adäquat zum Ausdruck kommt oder wenn der Betrachter ungebildet oder uninteressiert ist. Für die Kunstwissenschaft zieht Kutschera den Schluß, daß sie Wahrheitsfragen zwar nicht explizit erörtern solle, sie müsse „jedoch zumindest die Berechtigung der Wahrheitsfrage und ihre Bedeutung für gewisse Werturteile über Kunstwerke wie für deren Erleben anerkennen und zugestehen, daß sie mit der Ausklammerung dieser Fragen ihrer Betrachtung Grenzen zieht“ (l.c. 230).

Die Kraft und die Herrlichkeit

Nicht nur bei Sartre, auch bei Graham Greene (1904-1991) läßt sich nachweisen, daß er von Bernanos’ Roman beeinflußt wurde. Das Verhältnis der Kirche zu den Armen bildet auch in seinem Roman über die Kirchenverfolgung im südlichen Mexiko einen Stein des Anstoßes. Die Überlegungen stimmen fast bis in den Wortlaut überein, so daß man annehmen kann, daß

Greene das *Journal* gekannt hat. Hier heißt es: „Unlösbare Aufgabe: den Armen wieder einsetzen in sein Recht, ohne ihn in die Macht einzusetzen." (Tagebuch, 101) Und der verkommene Schnapspriester, der trotz allem im Untergrund, so gut es geht, weiterhin sein geistliches Amt versieht, erklärt: „Bei uns heißt es immer: die Armen sind gesegnet und die Reichen werden schwerlich ins Himmelreich eingehen. [...] Aber warum sollten wir dem Armen Macht geben?" (Greene 1989, 157)

Wer nun die Originalität Greenes als Romancier beschreiben will, muß mindestens fünf Punkte nennen, durch die sich seine Erzählweise auszeichnet. Zunächst muß man feststellen, daß Greene ein spannender Erzähler im ursprünglichen oder elementaren Sinn des Wortes ist. Genau dies meint der ihm geistesverwandte Leonardo Sciascia, wenn er sagt: „Ich liebe diesen Schriftsteller, besonders seine Art, eine Geschichte zu ‚bringen'." (Sciascia 1991, 226) Alle Romane, die ich in diesem Essay lobend erwähne, sind auf ihre Art fesselnd, sonst würde ich sie überhaupt nicht erwähnen. Doch von allen Autoren, die ich nenne, hat Greene die spannendsten Geschichten erzählt, was heißen soll, er versteht so zu erzählen, daß seine Geschichten sich spannend anhören. Nicht ohne Grund hat er einen der besten Agentenromane des letzten Jahrhunderts geschrieben, der übrigens zugleich eine der sublimsten Ich-Erzählungen ist: *Der stille Amerikaner* (1955).

Auch sein Mexiko-Roman ist in gewisser Weise ein Agentenroman. Denn in einem religionsfeindlichen Staat wird ein kirchentreuer Priester automatisch zu einem feindlichen Agenten, der sich *nolens volens* auch konspirativ verhalten muß.

Zweitens ist Greene durch die bis an die Schmerzgrenze gehende Intensität der Schilderung seiner Romanszenen bekannt und berühmt geworden. Wie alle großen Romane Greenes verbreitet auch dieses Werk, geschrieben in wortkarger realistischer Diktion, eine beklemmende Spannung, die Atmosphäre der subtropischen Landschaft mit den schäbigen Hütten ist beklemmend, das Klima der politisch-gesellschaftlichen Unterdrückung ist beängstigend.

Drittens stellt Greene in seinen Romanen Personen in schroffer Weise einander gegenüber. Jede dieser Personen wird als in sich verschlossene, monologische, zutiefst einsame Existenz dargestellt, was heißen soll, daß Greene daran zweifelt, daß ein Mensch jemals einen anderen wirklich verstehen kann (cf. Quack 2000, 156ff.). Eine Konstellation dieser Art liegt hier in der Beziehung zwischen dem Schnapspriester und seiner kurzzeitigen Geliebten und seinem Kind vor. Es handelt sich um Menschen, die sich fremder nicht sein könnten. Den schärfsten Gegensatz aber bilden der Priester und der atheistische Revolutionär. Die Pointe ist aber nun, daß der Kirchenverfolger auf seine Art ein Idealist mit menschlichen Zügen ist, während der Repräsentant des Glaubens die denkbar schlechteste Figur macht: ein Trinker, jeder sichtbaren Würde entkleidet, sein einziger Vorzug besteht darin, daß er seine Pflicht erfüllt, wenn er gerufen wird, und sei es in eine tödliche Falle. Krasser ließe sich der Gegensatz von Amt und Person nicht darstellen, und bewegender wurde selten lebendiger Glaube in primitivsten Verhältnissen geschildert.

Viertens liebt Greene es, extreme Situationen zu schildern, in denen seine Personen Gespräche über jene Dinge führen, die sie unendlich interessieren. Berühmt wurde die Szene aus dem *Stillen Amerikaner*, wo zwei Romanfiguren die Nacht auf einem Wachturm in feindlicher Umgebung verbringen und über „abstrakte Gegenstände" diskutieren. Im vorliegenden Roman ist es eine elende Hütte, ein schäbiges Gefängnis, wo die geistige Auseinandersetzung zwischen dem Vertreter des Glaubens und dem atheistischen Revolutionär stattfindet.

Schließlich verfügt Greene über die überaus seltene Gabe, komplizierte metaphysische Sachverhalte in einfacher Form wiedergeben zu können. Er liebt es, die schroffsten Gegensätze aufzuzeigen und die Dinge bis zum Äußersten zuzuspitzen. Er beschreibt nichts anderes als Situationen der existentiellen Entscheidung.

Die thematische Struktur könnte in diesem Roman klarer nicht sein. Es geht um den radikalen Gegensatz von Gut und Böse. Auf der einen Seite die antireligiöse, strikt materialistische Revolutionsideologie, die den Menschen als eine Art höheres Tier betrachtet, dessen Existenz mit dem Tode endet; auf der anderen Seite der christliche Glaube, für den der Mensch eine metaphysisch-religiöse Dimension hat, die seinen Wert unendlich steigert. In der Diskussion zwischen dem Schnapspriester und dem Polizeileutnant geht es um Glaube und Unglaube, um die Schuld der Kirche an den elenden Verhältnissen und um den christlich begründeten Widerstand gegen den Nihilismus. Wenn es nach einem Wort Ernst Jüngers der zeitgenössischen Literatur um die Frage gehe, „wie der Mensch angesichts der Vernichtung im nihilistischen Sog bestehen" könne, so hat Greene in *Die Kraft und die Herrlichkeit* darauf die einfache Antwort des Glaubens gegeben (Jünger 1980, Bd. 7, 253). Das Buch gilt mit Recht als Greenes bedeutendster Roman, ein Schlüsselwerk der weltanschaulichen Auseinandersetzung im zwanzigsten Jahrhundert.

Hier wäre noch eine Bemerkung über die drei Meisterwerke des christlichen Romans der Moderne angebracht, die in diesem Essay besprochen werden. Man hat Döblin in den Nachkriegsjahren einen Vertreter des christlichen Existentialismus genannt (Döblin 2001, 310). Diese Charakterisierung scheint durchaus begründet, besonders, wenn man daran denkt, daß im Mittelpunkt seines Hamlet-Romans ein Essay von Kierkegaard steht, dem Begründer der modernen Existenzphilosophie. Daß auch die Romane von Bernanos und Greene zum literarischen Diskurs des Existentialismus gehören, brauche ich nach diesen Interpretationen nicht weiter auszuführen. Es genügt, daran zu erinnern, daß es auch in den genannten Werken beider Autoren um Fragen der persönlichen Entscheidung geht und vor allem existentielle Befindlichkeiten beschrieben werden. Was bei Greene extreme Situation genannt wird, heißt in der deutschen Existenzphilosophie Grenzsituation. Auch dürfte es, was die Themen der Romane angeht, kein Zufall sein, daß sowohl Döblin als auch Greene Konvertiten waren, die für sich eine wichtige Entscheidung zu treffen hatten.

Fragwürdiges

Der weltweit erfolgreichste, populärste christliche Roman war *Das Lied von Bernadette* (1941) von Franz Werfel (1890-1945). Es war aber auch der fragwürdigste Roman seiner Art und, was das schlimmste ist, er hat das ganze Genre in Verruf gebracht. Denn für Kenner war klar, daß der Autor es mit dem Postulat der intellektuellen Redlichkeit nicht so genau nahm.

Nach unserer Klassifikation gehört der Roman zu jener literarischen Gruppe, die christliche Gegenstände und Motive mehr oder weniger rein äußerlich behandeln. Damit ist auch der entscheidende Einwand gegen das Werk formuliert. In einer zeitgenössischen Rezension heißt es, das Werk sei ein „Mittelding zwischen Reportage und Sensationsroman" (Görres 1947, 317). Dieses Urteil bringt den zweideutigen Charakter dieser fiktiven, wenn auch auf historischen Dokumenten beruhenden Heiligenbiographie recht gut zum Ausdruck. Freilich ist die Rezensentin eine Verehrerin der Bernadette, was der Grund ist, daß sie den Roman am Ende doch ergreifend findet. Thomas Mann teilt diese Voraussetzung nicht, er hat dem Autor unumwunden mangelnde Aufrichtigkeit vorgeworfen: „Das intellektuell nicht ganz reinliche Spiel mit dem Wunder in ,Bernadette' war mir bedenklich." (Mann 1984, 176) Und der Germanist Paul Stöcklein hat zwar gegen Werfels Weltanschauung nichts einzuwenden, doch verurteilt er seinen Roman so streng wie nur möglich. Er macht darauf aufmerksam, daß das *Lied von Bernadette* ein

Klischee der barocken Romanlegende aufgreift, „die späte Bekehrung des Zweiflers"; aber gerade das Schlußkapitel des Romans, das dieses Thema in bravouröser Routine behandelt, hält er für schlimmer als schlimm (Stöcklein 1974, 109; 117).

Döblin bemerkte wohlwollend und sachlich zu dem Buch, Werfel habe es „in seiner leichten gefälligen Art" geschrieben, um dann aber die Frage zu stellen, die er für entscheidend hält: „Ist es eine verehrende Hymne auf die Himmlische geworden, die der kleinen Bernadette erschien? Zog Werfel die ‚Konsequenz'?" Und gibt zur Antwort: „Werfel zog keine Konsequenz". Er vergleicht ihn in dieser Hinsicht mit Karl Kraus und Henri Bergson, und resümiert: „Alle drei Fälle beweisen die religiöse Erschütterung dieser Männer. Sie haben den Willen, sich aus der toten Ästhetik herauszukämpfen, – und Gegenantriebe." (Döblin 2005, 248) Diskreter läßt sich kaum über Werfel und sein katholisierendes Buch urteilen.

Karl Kraus, der 1911 den katholischen Glauben angenommen hatte, war 1923 aus der Kirche ausgetreten – aus Protest dagegen, daß Hugo von Hofmannsthals Stück *Das Salzburger Große Welttheater* in einer Salzburger Kirche uraufgeführt werden konnte. Er verurteilte die „Unechtheit" dieser Art von Literatur und berief sich auf „den Takt der Zeit, die auf Leichenfeldern nicht Festspiele zu veranstalten hat" (Kraus 1922, 5; cf. Radecki 1953, 35f.). Aus ähnlichen Gründen lehnte der Schauspieler und Regisseur Fritz Kortner den *Jedermann* ab, über den er schreibt: „Hier erfahren die aus aller Welt zu dieser Vorstellung herbeigeeilten Millionäre: eher geht ein Reicher in den Himmel ein als ein Kamel durch ein Nadelöhr." Und er resümiert seine Bedenken: „Die Begegnung mit dem Stück ließ mich ahnen, daß es gottesfürchtiger sein kann, mit dem HERRN zu hadern, ja, ihn zu bezweifeln, als ihn zu verkitschen." (Kortner 1969, 133ff.) Da ich mich hier auf die Diskussion christlicher Romane beschränke, möchte ich den Fall nicht weiter kommentieren, sondern nur anmerken, daß auch Kraus und Kortner sich in ihrem Urteil an dem Ideal der Redlichkeit orientieren.

Schließlich wäre hier noch zu ergänzen, daß Thomas Mann (1875-1955) den Fehler, den er Werfel vorwirft, in seinem Roman *Der Erwählte* (1951), selbstverständlich sorgfältig vermieden hat. Der Roman ist nämlich nichts anderes als eine humoristische Legenden-Parodie, er spielt in einem imaginären Mittelalter und wäre nach unserer Klassifikation als ein Roman des christlichen Milieus zu bezeichnen. Vor allem aber ist es ein Werk höchster Sprachartistik oder höchst reflektierter künstlerischer Sprachspiele, die dem Autor fraglos wichtiger sind als die christlichen Ideen und Vorstellungen, die er, genau betrachtet, nicht im eigentlichen Sinn, sondern metaphorisch oder ironisch distanziert verwendet. Der „Erwählte" ist keine religiöse Kategorie, sondern eine Metapher für den geistigen Ausnahmemenschen, der über die Gebote der allgemeinen Sittlichkeit erhaben ist. Alles in allem, ein ästhetisches Glasperlenspiel, ein sehr, sehr langer Scherz, der die Geduld des Lesers, der nicht auf die pedantisch umständliche Prosa Thomas Manns eingeschworen ist, auf eine unerlaubt harte Probe stellt.

In die Rubrik fragwürdiger christlicher Romane fällt schließlich auch das *Unauslöschliche Siegel* (1946) von Elisabeth Langgässer (1899-1950). Ich kann das Buch hier nicht ignorieren, weil man seit der frühen Nachkriegszeit der Meinung war, es sei das deutsche Pendant zu dem Romanwerk von Bernanos! Auch der sonst überaus kritische Alfred Andersch teilt dieses Urteil in seiner Schrift über die literarische Situation (1948), und selbst Friedrich Sieburg, der tonangebende Literaturkritiker jener Epoche, zeigt sich von der Autorin in seiner urbanen Art höflich beeindruckt (Sieburg 1961, 127). Der stereotype Vergleich Langgässers mit Bernanos wird bis heute in der Sekundärliteratur wiederholt. Er läßt sich aber nicht aufrechterhalten. Denn das *Tagebuch eines Landpfarrers* und das *Unauslöschliche Siegel* trennen literarische und metaphysische Welten: hier das Werk des nüchternsten religiösen und sprachlichen Realismus, dort ein schwülstig erotischer, mit Symbolen überladener, esoterischer, mystizistischer Roman, geschrieben in einer aufdringlich poetisierenden Prosa (cf. Quack 2011, 244ff.).

Das unauslöschliche Siegel ist der Intention nach ein Roman über das Wirken der Gnade, die Herrschaft des Bösen in der irdisch-historischen Welt und den Sieg des Guten am Ende der Zeit. Insoweit bewegen sich die Reflexionen des Romans im Gedankenkreis des überlieferten Christentums, zugleich aber ist es eine programmatische Absage an rationales Denken, welche Einstellung nicht nur der Hauptströmung des Christentums widerspricht. Das Werk huldigt nämlich dem Ideal des blinden Glaubens, die Gnade kommt wie ein Unwetter über den Menschen, und die absolute Blindheit ist der konträre Gegensatz zu jedem Verstehen.

Durchaus problematisch ist auch die zeitkritische Beziehung des Romans. Einer der Protagonisten ist ein getaufter Jude, der eine tiefe religiöse Erfahrung macht. Das spätere Schicksal des Mannes, seine Haft in einem Konzentrationslager, sein Freikauf und sein legendenhaftes Leben als betender Bettler werden im Kleindruck sparsamst skizziert (Langgässer 1989, 590). Es dürfte der erste Roman nach dem Krieg gewesen sein, der Auschwitz und Theresienstadt erwähnt. Diese Namen, die den Skandal der Epoche bezeichnen, werden aber nur *en passant* erwähnt – was weder aus formalen noch aus zeitkritischen Gründen zu rechtfertigen ist.

Man fragt sich heute kopfschüttelnd, wie dieses Werk überhaupt zu einem Vorzeigeroman der deutschen Nachkriegsliteratur werden konnte. Die Frage hat schon den Publizisten Walter Heist in den fünfziger Jahren beschäftigt. Er hat beobachtet, daß in den Nachkriegsjahren vor allem jene Dichtungen Anklang fanden, die er zu der „Literatur als Passion" rechnet. Damit ist ein Literaturideal gemeint, das schicksalhafte Geschehnisse und eine undurchschaubare Welt beschreibt, die der Mensch nur passiv hinnehmen kann, und Kafka war das Leitbild dieser Auffassung. Genau diesem Ideal aber entsprach, wenn auch auf einer tieferen literarischen Stufe, das *Unauslöschliche Siegel,* dessen Botschaft „Christsein als Fatum" lautet. Demgegenüber aber huldigte Döblin immer dem Ideal der „Literatur als Aktion". Und nicht nur dies, seine Konversion hatte eine aktivistische Komponente: „Döblin ‚erlitt' nicht das Christentum, sondern ergriff es mit fester Hand." (Heist 1958, 1117ff.) Dem wäre, was die geistig Einstellung betrifft, hinzuzufügen, was ein anderer Interpret schreibt: „Alfred Döblin blieb der Ratio treu, während Langgässer sie außer Kraft setzen wollte." (Müller 2005, 92)

Döblins Hamlet-Roman

Diese Beobachtung gilt in besonderem Maß für das letzte epische Werk Döblins (1878-1957), *Hamlet oder Die lange Nacht nimmt ein Ende,* das in jeder Hinsicht das positive Gegenbeispiel zu dem maßlos überschätzten Roman Langgässers ist. Da wir es bei Döblins Roman mit einem komplexen Gebilde zu tun haben, ist es vielleicht hilfreich, den Grundriß der äußeren Handlung wiederzugeben, die im Frühsommer 1945 beginnt und etwa ein Jahr später endet (cf. Quack 2011).

Edward Allison, ein junger Engländer, erleidet im pazifischen Krieg eine schwere Verletzung, die ihn nicht nur ein Bein kostet, sondern ihm auch einen seelischen Schock zufügt. Nachdem seine körperlichen Wunden verheilt sind, kommt er auf Betreiben seiner Mutter Alice in das Elternhaus, wo er die Chance haben soll, auch psychisch zu genesen. Edward vermutet, daß seine Angstanfälle nicht nur durch den Schock des Bombenangriffs verursacht sind, sondern auch durch frühere Erlebnisse, an die er sich nicht mehr erinnern kann. Er übernimmt die Rolle des Hamlet, forscht nach der Vergangenheit der Familie und beginnt Fragen nach der Schuld am Kriege zu stellen. Um ihn zu zerstreuen und um der peinlichen Diskussion über die persönliche Wahrheit auszuweichen, trägt man in geselliger Runde Geschichten vor. Diese Geschichten, die zunächst keineswegs zur Heilung Edwards führen, dienen nicht nur der Unterhaltung, sondern auch der Selbstrechtfertigung der Erzähler, seiner Mutter und Gordons, seines Vaters. Oder es sind lehrhafte Darstellungen menschlicher Leidenschaften. Auch stellt sich allmählich heraus, daß Alice im Streit mit Gordon versucht, Edward auf ihre Seite zu ziehen. Es kommt zum offenen Bruch zwischen Alice und Gordon, und Gordon läßt sich zu einem Haßausbruch gegenüber Edward hinreißen. Das Ehepaar geht in Feindschaft auseinander. Edward erkennt, was seinen Schrecken verursacht hat, und ihm wird klar, daß Alice ihn für ihre Rache mißbraucht hat. Sie verlassen alle das Haus und gehen auf Reisen, um sich über ihre Bestimmung klar zu werden: Gordon mit dem Wunsch, Alice wiederzugewinnen; Alice, um die errungene Freiheit auszuleben; Edward, um seine Verstörung auszuheilen. Gordon findet unter dramatischen Umständen, die zu seinem Tod führen, Alice wieder. Wenig später stirbt auch Alice, in Reue über ihre Lügen und Eskapaden. Edward erwägt eine beschauliche klösterliche Existenz, entscheidet sich aber für ein tätiges Leben inmitten der urbanen Welt.

In der Urfassung sollte Edward am Ende in ein Kloster eintreten. Die neue Lösung, daß er die vita activa wählt, ist ein Kompromiß, den Döblin auf Wunsch des Ostberliner Verlages eingegangen ist, da er den Roman endlich veröffentlichen wollte. Die Urfassung ist aber zweifellos formal stimmiger und intellektuell überzeugender.

Daß der Roman in England spielt, zeigt unmißverständlich an, daß es Döblin bei der Frage nach der Schuld am Kriege nicht um die politischen Ursachen geht, sondern um moralische Gründe. Die politische Schuld Hitlers und Japans am Krieg ist so evident, daß sich jede Diskussion erübrigt. Der Roman stellt eine ethische Frage, die aber nur sinnvoll ist, wenn man voraussetzt, daß der Mensch Person ist, ein vernunftbegabtes freies Wesen, das für seine Handlungen verantwortlich gemacht werden kann. So lehnt Edward alle Begriffe des Menschen ab, die seine Vernunft und Freiheit in Abrede stellen: den sozioökonomischen Determinismus ebenso wie die Auffassung, die den Menschen auf ein reines Natur- und Triebwesen reduziert, die Auffassung, daß der Mensch durch den Zeitgeist oder die herrschende Ideologie gegen seinen Willen determiniert sei, die antike Schicksalsvorstellung und die buddhistische Lehre, die die Verleugnung des individuellen Bewußtseins verlangt. Ebenso wichtig ist Edwards Erklärung, daß man die Frage nach dem wahren Menschenbild nur stellen und ethische Probleme sinnvoll nur erörtern kann, wenn man sich, wie Kierkegaard, dem Ideal der intellektuellen Redlichkeit verpflichtet weiß.

Edwards Krankheit entpuppt sich als eine Art existentieller Ekel, der gerade dann aufkommt, wenn Edward mit der Lebenslüge seiner Nächsten konfrontiert wird. Der Grund seiner Angst besteht darin, daß er vor der Erkenntnis zurückschreckt, daß der familiäre Alltag moralisch nicht weniger verkommen ist als der mörderische Krieg. In der Frage der Schuld kommt er zu der Einsicht: „Es ist Heuchelei, Bequemlichkeit, Faulheit, Erbärmlichkeit, tiefe Stumpfheit und Unehrlichkeit. [...] Die Kriege? Der Grund der Kriege, was ist er? Der Abgrund der Feigheit und Verlogenheit." (Döblin 1982, 411f.) Die Grundeinsicht des Romans besagt, daß der Krieg, als moralischer Zustand betrachtet, mit dem Friedenschluß nicht zu Ende ist. Die Nacht, deren Ende der Roman schildert, war eine Zeit der Lüge, des Selbstbetrugs und der Unredlichkeit.

Zweifellos beherrscht das ethische Thema den Roman, der christliche Aspekt wird eher zurückhaltend und indirekt dargestellt, was der Poetik Döblins durchaus entspricht. Als epischer Erzähler verachtet er die Konventionen des psychologischen Romans (cf. Quack 2004, 261ff.). Er gibt nicht immer Handlungsmotive für seine Figuren an, sondern zeigt erzählend, durch die Montage der Szenen, wie und warum sie handeln. Wenn die Figuren über sich selbst sprechen, geben sie kein Psychogramm, sondern erzählen eine fiktive Geschichte, um im Bilde mitzuteilen, was für Menschen sie sind. So hat Döblin die Konsequenz des christlichen Gedankens durch die Komposition angedeutet. Die fünf Bücher des Romans klingen, in der Urfassung, alle mit dem Motiv des Klosters oder mit Anspielungen auf dieses Motiv aus. Derart sollten die Entscheidung Edwards und die Rückkehr Alices zum Glauben sinnfällig werden. Explizit kommt der christliche Aspekt dort zum Ausdruck, wo Döblin die Weltauffassung des antiken Mythos verurteilt, der keine Gnade und keine Vergebung kennt, und dort, wo Alice sich an der Legende orientiert, die einen Appell zur *imitatio Christi* enthält.

Döblin hat den *Hamlet* „ein zweites Religionsgespräch" genannt (Döblin 1988, 463), und in der Tat ist die Nähe zu seinem ersten Religionsgespräch, *Der unsterbliche Mensch* (1946), nicht zu übersehen. Der Roman und die religiöse Schrift haben den gleichen Anlaß, wie übrigens auch der Essay *Unsere Sorge der Mensch* (1948). Im *Hamlet* wird eine Antwort auf die Frage gesucht, wer für die „Massenschlächterei" des Krieges und das weitere Unglück verantwortlich sei (Döblin 1982, 33). In dem religiösen Gespräch wird eine Antwort auf die Frage gesucht, ob der nationalsozialistische Terror und das unermeßliche Kriegselend nicht den „Bankrott des Christentums" erwiesen hätten (Döblin 1980, 182). Im Roman liegt der Hauptakzent auf dem ethischen Aspekt, in dem Religionsgespräch, auf das ich im letzten Kapitel dieses Essays zurückkommen werde, auf dem wahren Sinn der christlichen Lehre. Doch ergänzen sich die beiden Antworten.

Gewiß muß man einräumen, daß das Werk gelegentlich ein wenig ausschweifend, an anderen Stellen zu kursorisch ist. Seine Vorzüge sind aber unbestreitbar. Die Geschichte der Mutter von Montmartre, die verzweifelt auf die Rückkehr ihres Sohnes aus dem Krieg wartet, hat in der deutschen Nachkriegsliteratur nicht ihresgleichen; der französische Schriftsteller Marc Petit hat sie mit Recht zur Weltliteratur gezählt (Petit 2005, 348). Die Bitterkeit des vergeblichen Wartens hat in dem Text einen vollendeten Ausdruck gefunden. Von ähnlicher Güte sind die Lear-Geschichte und die „Szenen aus der Unterwelt", die den Raub der Proserpina durch Pluto nacherzählen; es sind Kabinettstücke ernster Unterhaltung in konziser Prosa. Die Verbindung von Erzählung, intellektuellem Gespräch und Selbstreflexion ist sowohl fesselnd als auch erhellend. Die moderne Transformation der Hamlet-Figur ist nicht nur von ästhetischem Reiz, sondern auch von existentiellem Interesse, wie überhaupt die literarischen Anspielungen und Verweise nicht den Alexandrinismus des feinsinnigen Kenners verraten, sondern die Absicht des Autors, in der literarischen Tradition die Wahrheit herauszufinden.

Schließlich sei noch auf eine erstaunliche Koinzidenz hingewiesen. Als Döblin das Schicksal Edwards und seine ursprüngliche Wahl beschrieben hatte, erschien eine Autobiographie, die die Idee des Romans glänzend bestätigt: *The Seven storey mountain* (1948, dt. 1950) von Thomas Merton. Der amerikanische Intellektuelle denkt über den Krieg und seine moralischen Ursachen ähnlich wie Döblin und er zieht die gleichen ethisch-religiösen Konsequenzen wie der Held des Hamlet-Romans, jedenfalls in der Urfassung.

Auf sein Spätwerk bezogen, schreibt Heinrich Böll über Döblin treffend, er wäre „einer der großen Autoren gewesen, auf die das Etikett ‚christlich' hätte angewendet werden können und die es angenommen hätten; er wurde nicht erkannt, nicht angenommen, und das in einem Land, einem Staat, einer Gesellschaft, die sich christlich bezeichnen." (*Essays* 3, 249)

III. Poetae minores

Es ist vielleicht nicht überflüssig zu betonen, daß die Definition des Begriffs der christlichen Dichtung ein Hilfsmittel ist, um sich auf dem weiten Feld der Literatur zu orientieren. Selbstverständlich kann man keinen Begriff *vollständig* definieren, da eine solche Definition zu einem unendlichen Regreß führen würde. Wenn man sich dieses Vorbehalts bewußt ist, kann man festhalten, daß sich der formale Begriff der christlichen Dichtung so weit bestimmen läßt, daß man weiß, worüber man redet, und an den vorzüglichsten Werken läßt sich beschreiben, was mit dem christlichen Roman gemeint ist. Ein Roman dieser Art sollte, wie gesagt, sowohl den poetisch-narrativen als auch den religiösen Maßstäben genügen, und er sollte für die christlichen Ideen eine rhetorische Form finden, die auch einer säkularen Öffentlichkeit verständlich ist.

Damit ist die Frage der Glaubwürdigkeit berührt. Sie läßt sich nicht abstrakt entscheiden, sondern muß jeweils am einzelnen Werk untersucht werden. *Ein* abstraktes Merkmal läßt sich allerdings im Anschluß an Döblins *Hamlet* nennen: die Redlichkeit. Glaubwürdig oder authentisch wird eine christliche Dichtung nur dann sein, wenn sie intellektuell redlich verfährt. Dies gilt es zu beachten, wenn im folgenden einige christliche Autoren besprochen werden, die in der Nachkriegszeit angesehen waren und viel gelesen wurden, die aber nicht die überragende Bedeutung Döblins haben. Einige ihrer Werke sind bis heute lebendig geblieben. Wie ist ihr künstlerischer Wert genauer einzuschätzen?

Um den Rang von Kunstwerken zu bezeichnen, stehen uns verschiedene Prädikate zur Verfügung. Das wichtigste Prädikat ist die Dauerhaftigkeit des Werkes. Sie besagt, daß das Werk den Wechsel künstlerischer Anschauungen überstanden hat und auch uns noch anspricht oder uns noch etwas zu sagen hat. Mit den Worten des Horaz ausgedrückt: „Exegi monumentum aere perennius" (Ich habe ein Denkmal aufgerichtet, dauerhafter als Erz). Damit ist natürlich nicht gemeint, daß ein Werk heute tatsächlich noch gelesen wird, sondern daß es auch heute noch lesenswert ist.

Dann bezeichnen wir Kunstwerke ersten Ranges als originell oder einzigartig, wie etwa das Werk Kafkas. Von ihm betonen wir aber zugleich, daß es unnachahmlich in dem Sinne sei, daß jede Erzählung im Stil Kafkas epigonal in der pejorativen Bedeutung des Wortes ist. „Kafkaesk", das lange Zeit als eine Auszeichnung galt, ist heute ein abschätziges Werturteil, das einer Erzählung indiskutable Belanglosigkeit bescheinigt. Döblin dagegen, der den bedeutendsten historischen Roman, den wichtigsten Zukunftsroman und den bleibenden Großstadtroman der modernen deutschen Literatur geschrieben hat, ist originell und zugleich vorbildlich oder mustergültig. Er hat auf die nachfolgende Literatur die stärkste Wirkung ausgeübt. Arno Schmidt nannte ihn „mit mehr Ernst als Scherz den ‚Kirchenvater' unserer neuen deutschen Literatur" (Schmidt 2007, 42). Sein Werk enthält Vorgaben, die spätere Autoren aufnehmen und weiterführen konnten, ohne deshalb zu bloßen Epigonen zu werden. Solche Ansatzpunkte sind etwa: die Orientierung am Stil der lebendigen Umgangssprache; das Konzept des epischen Romans als Gegenentwurf zum psychologischen Roman, was in Döblins *Hamlet* z.B. in den Exempelgeschichten zum Ausdruck kommt; die Konstruktionsform der filmischen Montage und schließlich seine Darstellung von Massenwesen. Man braucht nicht zu betonen, daß Döblin selbst seine Bedeutung als epischer Erzähler genau kannte und wohl wußte, welche Neuerungen er in die Literatur eingeführt hat.

Wie steht es nun aber mit den vielen Autoren, die weniger bedeutend sind, den *poetae minores*, den „guten Meistern zweiten Ranges", um wiederum einen Ausdruck Arno Schmidts zu gebrauchen? Auch hier gibt es Schriftsteller, die sich über ihren künstlerischen Rang durchaus im klaren sind. So etwa Arthur Schnitzler, der am 3.1.1911 in seinem Tagebuch notiert: „Ich weiß, daß ich nicht zu den großen Dichtern zähle; nie ein absolutes großes Kunstwerk schaffen werde; – fühle aber stark die Merkwürdigkeit meines Gesamtwesens, in dem auch dichterische Elemente ersten Ranges sind – und nur als ganzes keine Dichterkraft ersten Ranges bilden." Er war sich also bewußt, daß er sich niemals zu den Großen der Literatur zählen kann, daß er aber in bestimmter Hinsicht einzigartig ist und deshalb in den Grenzen seiner Begabung etwas Bedeutendes leisten konnte, was Bestand hat.

Damit ist das wesentliche Merkmal der *poetae minores* genannt. Sie können in ihrem Schaffen niemals den thematischen Reichtum, die formale Dichte, die Lebendigkeit der Darstellung oder die klassische Einfachheit der höchsten Kunstwerke erreichen, sie können aber doch Werke hervorbringen, die einzelne Aspekte des Menschen in seiner Welt meisterhaft zum Ausdruck bringen. Sie können ein literarisches Genre nicht wesentlich bereichern, aber doch innerhalb einer gegebenen Gattung Unverächtliches leisten.

Übrigens hat sich Schnitzler in einem Punkt seiner künstlerischen Leistung getäuscht, freilich ist es eine Täuschung, der auch viele Literaturtheoretiker bis auf den heutigen Tag erlegen sind. Er hielt die „Ideenassoziation" für den Grundbegriff der Kunst und des Dichterischen (Schnitzler 1967, 96), und es besteht kein Zweifel, daß ihn dieser Gedanke zur Technik des Bewußtseinsstroms angeregt hat, einer Technik, die Schnitzler als einer der ersten zur Darstellung des inneren Monologs verwendet. Das Konzept der Ideenassoziation entstammt aber einer psychologischen Theorie, die längst überholt ist (cf. Popper 1991, 610 u. ö.).

Ein Wertbegriff übertrifft jedoch alle anderen künstlerischen Normen: der Begriff des Modernen oder der Moderne. Ein Werk unserer Zeit, das nicht modern ist, wird aus dem Kreis der seriösen Literatur, die allein unsere Beachtung verdient, ausgeschieden – es ist indiskutabel. Dagegen hat die Norm des Avantgardistischen, die in der Nachkriegszeit *en vogue* war, seit den siebziger Jahren ihre auszeichnende Bedeutung verloren. Es war die Zeit, als man die banalste Alltagslyrik avantgardistisch nannte. An die Stelle dieser Norm ist wenig später „postmodern" getreten und sie hat in den letzten Jahren das gleiche Schicksal ereilt wie „avantgardistisch". Es hat sich herausgestellt, daß der Begriff der Postmoderne wenig mehr als eine Chimäre ist, er hat einer wissenschaftstheoretischen Überprüfung nicht standhalten können.

Kein Literaturkenner würde bestreiten, daß die besprochenen Romane von Döblin, Greene und Bernanos moderne Romane, ja ausgezeichnete Beispiele dieser Kategorie sind. Anders steht es mit Autoren der Nachkriegszeit wie Werner Bergengruen und Edzard Schaper, die in bestimmter Hinsicht als konservativ galten. Es kommt aber darauf an, welche Hinsicht gemeint ist: die politisch-gesellschaftliche, die weltanschauliche oder die künstlerische Einstellung. Ein Theoretiker der literarischen Moderne, Jürgen H. Petersen, hat die Romane Bergengruens wegen ihrer Erzählart als konservativ eingestuft und die Romane Schapers aus weltanschaulichen Gründen, wegen „ihres religiösen Engagements", zu „der konventionellen, nichtmodernen Erzählliteratur unseres Jahrhunderts" gerechnet (Petersen 1991, 167). Ich werde auf dieses Urteil zurückkommen. Hier möchte ich nur darauf hinweisen, daß Jean-Paul Sartre, der Vertreter des atheistischen Existentialismus, die Sache ein wenig gründlicher durchdacht hat: im christlichen Engagement hat er gerade ein modernes oder existentialistisches Moment, ein Moment der Freiheit aufgezeigt (Sartre 1990, 88).

Petersens Hauptthese besagt, daß die Literatur der Moderne dem Geist des Zeitalters entsprechen sollte, zu dem sie gehört. Es ist ein „Zeitalter vielfacher Orientierungslosigkeit hinsichtlich der Werte, der Wahrheiten, der gesicherten und endgültigen Erkenntnisse über Welt und Leben" (l.c. 166). Dieser allgemeinen Charakteristik der Epoche kann man durchaus zustimmen. Es ist die bekannte These vom „Verlust der Mitte" (Hans Sedlmayr) oder von der „Dezentrierung der Weltbilder" (Jürgen Habermas) oder von der Vorläufigkeit wissenschaftlicher Erkenntnisse (Karl Popper) (cf. Quack 2011, 217). Petersen spricht von dem „Verlust jeder metaphysischen Orientierung" (Petersen, l.c. 15), ohne Sedlmayr zu erwähnen. Anfechtbar sind aber die ästhetischen Folgerungen, die er aus seiner Grundthese zieht. Er meint nämlich, der moderne Roman müsse ein Roman der Möglichkeit sein, während der traditionelle Roman ein Roman der Wirklichkeit gewesen sei (l.c. 46).

Dazu wäre zu sagen, daß er dem realistischen Roman eine simple Abbildtheorie des Wirklichen unterstellt und daß er sich nicht bewußt wird, daß seine eigene Literaturtheorie ebenfalls eine schlichte Abbildtheorie enthält, insofern einer als ungesichert erfahrenen Wirklichkeit eine Art offenes Kunstwerk entsprechen sollte. Fraglos liegt hier eine „Faszination durch das Formlose" vor, die für die künstlerische Moderne charakteristisch ist (Ricœur 1988, Bd. 1,116). Dabei wäre aber zu beachten, daß auch ein dissonantes Kunstwerk in formaler Hinsicht eine Einheit oder Ganzheit bildet und insofern nicht offen genannt werden kann. Jene Abbildtheorie scheint zu übersehen, daß man hier zwei Sinnbegriffe unterscheiden muß: den semantischen Begriff des Sinns, der sich auf eine Eigenschaft des Textes bezieht, und den existentiellen Sinnbegriff, der eine Eigenschaft menschlichen Verhaltens oder des menschlichen Lebens bezeichnet. Die Sinnlosigkeit der Welt läßt sich aber durchaus in einem Kunstwerk darstellen, dessen Sinn genau festgelegt und dessen Deutung völlig eindeutig ist. Um mit Umberto Eco zu sprechen, auf den die häufig mißverstandene Theorie des offenen Kunstwerks zurückgeht: „Es gibt nichts Sinnvolleres als einen Text, der über seine Loslösung vom Sinn spricht" (Eco 1992, 23).

Der Gegensatz ‚modern vs. konventionell' wird von Petersen normativ verstanden: was unmodern ist, gilt als ästhetisch minderwertig. Er ignoriert, daß es viele moderne Romane gibt, die mißlungen sind, und viele traditionelle Romane, die man nur bewundern kann. Das heißt aber nichts anderes, als daß diese Doktrin der Modernität zu einem unerträglichen Epigonentum geführt hat: „Die Nachahmung der Moderne hat mehr Talente steril gemacht als die Nachahmung der Alten", sagt Octavio Paz (Zitat bei Rühmkorf 1997, 474). Es kommt bei jedem Werk eben nicht nur auf die angeblich moderne Einstellung oder auf den angeblich modernen Erzählstil an, sondern auch und hauptsächlich auf die konkrete Ausführung und Anwendung der Formen – nicht zu vergessen, daß man künstlerische Ideen haben muß, die zum Ausdruck zu bringen sich lohnt.

Zweitens wird in diesem Konzept der Moderne nicht beachtet, daß manches angeblich Moderne in der Literatur gar nicht so neu ist, wie es dem modernistischen Theoretiker erscheint. Michel Butor, ein namhafter Vertreter des *nouveau roman*, der zugleich ein großer Bewunderer Balzacs war, schreibt: „Es gibt keine zeitgenössischen Neuerungen, die nicht bei ihm ihre Ankündigung und ihre Rechtfertigung finden." (Butor 1984, 34)

Schließlich wäre zu bemerken, daß jener Auffassung der Moderne wohl eine unreflektierte Abweichungstheorie zugrunde liegt, bei der der Begriff der künstlerischen Konvention ungeklärt bleibt. Dagegen ist aber einigermaßen evident, daß es keine Sprache, kein Zeichensystem, keine Verständigung, keine Kunstart geben könnte, die ohne überlieferte Formen, also ohne Konventionen auskämen. Was als neuartig erscheint, ist eine Variation überlieferter Formen. Alle literarischen Gattungen beruhen auf festgelegten Formen, und nicht zuletzt gibt es auch moderne Konventionen und sogar moderne Klischees.

Was hier gemeint ist, läßt sich in Begriffen der Informationstheorie folgendermaßen verdeutlichen, wobei vorausgesetzt wird, daß Information das ist, „was Information erzeugt": „Wirksame Information ist nur möglich, wenn einiges gesetzmäßig abläuft (Bestätigung) und doch auch einiges Neue geschieht (Erstmaligkeit). Lauter Erstmaligkeit ohne Bestätigung ist Chaos, in dem nichts verstanden werden kann, schiere Bestätigung ist keine Information (bringt keine Überraschung)." (Weizsäcker 1986, 203)

Der Großtyrann und das Gericht

Der Roman *Der Großtyrann und das Gericht* (1935) hatte ein merkwürdiges Schicksal. Ein Blatt der NS-Partei wollte das Buch verbieten lassen, doch Alfred Rosenberg, der Chefideologe der Partei, hatte im *Völkischen Beobachter* den Großtyrannen beifällig „eine der Herrengestalten der Renaissance" genannt (Bergengruen 2005. 66). So konnte der Roman unbehelligt erscheinen und recht hohe Auflagen erreichen, während andere Publikationen Bergengruens (1892-1964) verboten wurden. Die politische Zeitkritik des Romans aber war für alle intelligenten Leser offensichtlich. Ernst Jünger bestätigt, daß das Buch als „regimefeindlich" galt und im Stab des Pariser Militärbefehlshabers gelesen wurde (Jünger 1982, Bd. 5,193). Victor Klemperer, der, im Untergrund lebend, das Buch kurz vor Kriegsende lesen konnte, nennt es „grandios" (Klemperer 1996, 749).

Das Buch ist aber kein Schlüsselroman im üblichen Sinn, sondern eine Kritik der aktuellen politisch-gesellschaftlichen Zustände in Deutschland, gekleidet in die Form eines historischen Romans, der in einem fiktiven italienischen Stadtstaat der Renaissance spielt. Der Großtyrann gleicht zwar Hitler in seiner Baulust und der Kinderlosigkeit – diese Attribute mußten ebenso wie die langen Räsonnements in einem Vorabdruck in einer Zeitung unterdrückt werden (Bergengruen 2005, 66), die Figur des Großtyrannen ist aber nicht der Person Hitlers nachgebildet. Wichtiger ist die Parallele, daß beide ihren engsten Gefolgsmann töten oder töten lassen, doch ist diese Tat im Roman so schlüssig mit der Handlungsführung verbunden, daß nur literaturkundige Leser die Analogie wahrnehmen konnten. Entscheidend ist die Kritik, die Bergengruen an den öffentlichen Zuständen übt. Er zeigt, was aus einer Gesellschaft wird, in der die „Freiheit öffentlichen Meinungsaustausches" unterdrückt wird (Bergengruen 1957, 201). Die Folge ist eine Flut von höchst gefährlichen Gerüchten und gegenseitigen Verdächtigungen. In dieser Hinsicht ist der Roman ein Plädoyer für eine offene Gesellschaft, und Bergengruen legt auf das Motiv der unterdrückten Meinungsfreiheit, die während des Dritten Reiches ein öffentliches Klima der verderblichsten Gerüchte erzeugte, den größten Wert (Bergengruen 2005, 74). Die Passagen, die diesen Aspekt der bürgerlichen Öffentlichkeit beschreiben, gehören zu den intensivsten und glanzvollsten Seiten des Roman; der Autor bedient sich dazu gelegentlich auch wirkungsvoll der Beschreibung des natürlichen Klimas, des Wetters (Lämmert 1975, 409f.).

Josef Pieper hat das Moment des Vertrauensverlustes im alltäglichen Umgang anläßlich der Erfahrung im Dritten Reich ebenso wie Bergengruen, wenn er nicht sogar durch Bergengruen angeregt wurde, erörtert und grundsätzlich aufgezeigt, daß eine Voraussetzung menschenwürdigen Lebens darin besteht, daß man einander Glauben schenken kann. Er schreibt über „das menschliche Leben unter den Bedingungen der Gewaltherrschaft": „Weil, wie der gebräuchliche Ausdruck lautet, keiner mehr dem andern trauen kann, versiegt die unbefangene Mitteilung; es entsteht jene besondere Art unguter Wortlosigkeit, die eher Verstummtheit denn Schweigen ist. Erst solche Erfahrungen setzen uns in den Stand, das gar nicht Selbstverständliche, das wahrhaft Erstaunliche überhaupt zu bemerken, das darin liegt, daß die Menschen arglos miteinander reden." (Pieper 1962, 46f.)

Der Name des Titelhelden bei Bergengruen ist eine literarische Anspielung auf Dostojewskis Großinquisitor und eine politische Anspielung auf die superlativistische Tendenz der *Lingua tertii imperii*, die Fügungen wie großdeutsch, Großkundgebung u.ä. bevorzugte. An Dostojewski erinnern auch die langen passionierten Diskussionen über Macht und Gerechtigkeit im

Staat, über den Gegensatz von staatsrechtlicher Tyrannis, „irdischer Macht" und dem „himmlischen Inbild der Gerechtigkeit" (Bergengruen 1957, 230), den Konflikt von persönlichem Gewissen, das christlich gebildet ist, und willkürlich verfügter Rechtsnorm. Darin kommt der entscheidende Vorwurf gegen den Großtyrannen zur Sprache: seine blasphemische „Selbstüberhebung" (l.c. 237), seine Anmaßung, Gott gleich sein zu wollen (l.c. 310) und „außerhalb der Gerichtsbarkeit" zu stehen (l.c. 307), insofern er selbst das Recht setzt. Dies ist offensichtlich eine Anspielung auf den damals von Staatsrechtslehrern propagierten Grundsatz, der die nationalsozialistischen Verbrechen legalisieren sollte: Der Führer setzt das Recht. Der Grundsatz geht übrigens auf Carl Schmitt zurück, der geschrieben hatte, daß der Führer „als oberster Gerichtsherr unmittelbar Recht schafft" (Zitat bei Noack 1993, 196). Der Roman übt eine weitaus schärfere politisch-ethische Kritik, als die „Präambel" ahnen läßt, die im vorsätzlich moderaten Ton erklärt, daß „von den Versuchungen der Mächtigen und von der Leichtverführbarkeit der Unmächtigen und Bedrohten" berichtet werde (l.c. 7).

Was die Form des Romans angeht, so lassen sich einzelne Schwächen nicht übersehen. Die Geschichte leidet empfindlich darunter, daß sie mit Sonderlingen gleichsam übervölkert ist: es treten ein schielender Diener auf, eine übermäßig fette, häßliche, geschwätzige Matrone, ein religiöser Schwärmer, ein geistesschwaches Mädchen, eine gutmütige Dirne, ein halbverrückter Fälscher. Auch stören bisweilen die gekünstelte Sprache, die altertümlichen Wortprägungen.

Betrachtet man die Erzählstrategie, so muß man jedoch anerkennen, daß Bergengruen sein Handwerk versteht. In spezifisch moderner Manier wird die subjektive Zeiterfahrung beschrieben: es herrscht ein beängstigender Zeitmangel, der politisch verursacht ist; die Zeit ist für die Untertanen in bedrohlicher Weise zu kurz, ihrem Leben ist von der Tyrannis eine kleine Frist gesetzt. Außerdem sind das überscharfe Aktualitätsbewußtsein und die Tendenz, nach Zeichen zu suchen, die auf die unmittelbar erlebte Gegenwart deuten, spezifisch moderne Einstellungen. Die historische Zeit des Romangeschehens bleibt dagegen recht vage, nahezu unbestimmt, was bedeutet, daß der maßgebliche Zeitpunkt der allegorischen Geschichte die Gegenwart ist (cf. zur modernen Zeitauffassung: Quack 2008, 21f.).

Zweitens werden die meisten handelnden Figuren sowohl von außen als auch aus der Innenperspektive beschrieben, allein die als „verschlossen und rätselvoll" erlebte Figur des Großtyrannen wird bis zum Schluß nur von außen dargestellt (l.c. 230). Erst als der Tyrann sich am Ende zu einer menschenwürdigen Ethik bekehrt und sich schuldig bekennt, wird er auch aus der Innensicht beschrieben. Dem inneren Wandel entspricht ein Wechsel der Erzählperspektive. Dieser Schluß ist natürlich eine romanhafte Utopie, die mit der aktuellen nazistischen Wirklichkeit nichts zu tun hat, ein weiteres Mittel der maskierten Zeitkritik.

Nicht zu vergessen wäre, daß wir es mit einem überaus spannenden Roman zu tun haben, der auch eine Detektiverzählung ist. Die Detektiverzählung, von E.T.A. Hoffman und E.A. Poe begründet, von D. Hammett und G. Simenon auf einen bisher unübertroffenen Höhepunkt geführt, ist aber eine typische Erzählform der modernen Rationalitätsauffassung, und Bergengruen war ein Bewunderer Hoffmanns. Dieser Vorzug dürfte der Grund sein, warum der Roman auch heute noch beim großen Lesepublikum beliebt ist. Die deutsche Literatur weist ja, im Unterschied zur angelsächsischen und französischen Literatur, nicht allzu viele Romane auf, die auf intelligente Art spannend sind. Bis heute werden auch seine als vorzüglich geltenden Übersetzungen aus dem Russischen, das er als Baltendeutscher souverän beherrschte, *Krieg und Frieden* und *Schuld und Sühne*, viel gelesen.

Die heile Welt

Der Titel von Bergengruens Gedichtband *Die heile Welt* (1950) wurde für die nachfolgende Schriftstellergeneration, die sich der Gesellschaftskritik verschrieben hatte, zu einem Schlagwort, das die konservative Weltanschauung, das restaurative Gesellschaftsbild und die mentale Biederkeit der fünfziger Jahre treffen sollte. Diese polemische Deutung der Gedichte war sicher ein Fehlurteil, und der Vorwurf, Bergengruen habe als Dichter es versäumt, die Ursachen des Faschismus sozialanalytisch zu untersuchen (Zimmermann 1981, 400), ist ein soziologistisches Mißverständnis der Poesie, wie es damals im Schwange war. Die Lyrik mag viele Aufgaben haben, aber gewiß nicht die der Gesellschaftsanalyse in soziologischen Kategorien. Doch muß man einräumen, daß Bergengruen an dem Mißverständnis nicht ganz schuldlos war. Man kann nicht umhin, ihm zwei Vorwürfe zu machen, die zum einen die Schwäche seiner thematischen Überlegungen und zum anderen die Grenze seines poetischen Talents bezeichnen.

Der Gedichtband ist nach einem programmatischen Gedicht benannt, das einen bekannten religiösen Gedanken zum Ausdruck bringen will: die Schöpfung im Zustand der Erlösung. Dies dürfte mit „heiler Welt" gemeint sein. Die Wortwahl der ‚Welt' entspricht aber weder der christlich-biblischen Tradition, noch dem gewöhnlichen Sprachgebrauch und auch nicht der philosophischen Terminologie, wie sie etwa bei Schopenhauer vorliegt: die Welt als Wille und Vorstellung. Was Bergengruen mit der eigensinnigen Wortwahl meint, kommt noch krasser in dem abschließenden Gedicht „Frage und Antwort" zum Ausdruck, das die Frage nach der Erfahrung von irdischer Not und menschlichem Leiden stellt und darauf eine problematische Antwort gibt:

> „Der die Welt erfuhr,
> faltig und ergraut,
> Narb' an Narbenspur
> auf gefurchter Haut,
>
> den die Not gehetzt,
> den der Dämon trieb –
> sage, was zuletzt
> dir verblieb."
>
> „Was aus Schmerzen kam,
> war Vorübergang.
> Und mein Ohr vernahm
> nichts als Lobgesang." (Bergengruen 1950, 272)

Das Gedicht hat das alte Problem der Theodizee zum Thema, die Frage, wie die Erfahrung des Bösen in Natur und Geschichte in einem religiösen Sinne zu verstehen ist. Die in dem Text gegebene poetisch bündige, angeblich religiöse Auskunft über das Leiden der Menschen mußte in dem aktuellen Kontext von Krieg und nazistischen Verbrechen gegen die Menschheit als unerträgliche Provokation erscheinen (Adorno 1964, 23f.). Gewiß spricht in der zitierten Strophe nicht der Autor selber, sondern eine deutlich gekennzeichnete andere Stimme, doch kann wegen der herausgehobenen Stellung des Gedichts, am Ende des Zyklus, kein Zweifel daran bestehen, daß Bergengruen sich diese Antwort zu eigen macht. Der Text wurde übrigens in einige zeitgenössische Anthologien übernommen.

Zum Vergleich wäre daran zu erinnern, daß Döblin zur selben Zeit die Frage aufwarf, ob man angesichts der von Menschen verursachten Misere nicht von einem „Bankrott des Christentums" sprechen müsse; ich werde darauf zurückkommen. Und Theodor Haecker bekennt im November 1940, als Hitler auf dem Höhepunkt seiner Macht stand, seine Ratlosigkeit als Gläubiger: „In solchen Zeiten wie heute kann ich nur leben in der Nacht des Glaubens". An anderer Stelle spricht er, als er unerträgliches fremdes Leid miterleben muß, von der Erfahrung „absoluter Sinnlosigkeit". Die erweiterte Frage, das allgemeine Problem der Theodizee: „Wozu diese endlose Wieder-

holung all des unsäglichen Elends in Tausenden von Generationen?", hält er
für unbeantwortbar (Haecker 1959, 186; 56f.).

Was das Mißverständnis der „heilen Welt" angeht, so bleibt festzuhalten,
daß Bergengruen einen fundamentalen Grundsatz dichterischen Schreibens
nicht beachtet hat. Er hat bei seiner Wortwahl das Bedeutungsspektrum und
die Konnotationen, die seine Formulierung gewöhnlich hat oder im aktuellen
Zusammenhang annehmen kann, nicht berücksichtigt. Karl Kraus hat dieses
literarische Axiom genau umrissen: „Nun gibt es nichts, was das schriftstelle-
rische Können empfindlicher bloßstellt als die Möglichkeit, im Leser Vorstellungen zu erzeugen, die er nicht bezweckt hat. […] Der Schriftsteller muß
alle Gedankengänge kennen, die sein Wort eröffnen könnte. Er muß wissen,
was mit seinem Wort geschieht. Je mehr Beziehungen dieses eingeht, um so
größer die Kunst; aber es darf nicht Beziehungen eingehen, die dem Künstler
verborgen bleiben." (Kraus 1974, 121f.)

Fairerweise muß man aber daran erinnern, daß Bergengruen bei einem
anderen berühmt gewordenen Gedicht klüger verfahren ist. Gemeint ist das
Poem „Die letzte Epiphanie" aus der Sammlung *Dies irae* (1946).

> Ich hatte dies Land in mein Herz genommen,
> ich habe ihm Boten um Boten gesandt.
> In vielen Gestalten bin ich gekommen.
> Ihr aber habt mich in keiner erkannt.
>
> Ich klopfte bei Nacht, ein bleicher Hebräer,
> ein Flüchtling, gejagt, mit zerrissenen Schuhn.
> Ihr riefet dem Schergen, ihr winktet dem Späher
> und meintet noch Gott einen Dienst zu tun.
>
> Ich kam als zitternde geistesgeschwächte
> Greisin mit stummem Angstgeschrei.
> Ihr aber spracht vom Zukunftsgeschlechte
> und nur meine Asche gabt ihr frei.
>
> Verwaister Knabe auf östlichen Flächen,
> ich fiel euch zu Füßen und flehte um Brot.
> Ihr aber scheutet ein künftiges Rächen,
> ihr zucktet die Achseln und gabt mir den Tod.
>
> Ich kam ein Gefangener, als Tagelöhner,
> verschleppt und verkauft, von der Peitsche zerfetzt.
> Ihr wandtet den Blick von dem struppigen Fröner.
> Nun komm ich als Richter. Erkennt ihr mich jetzt?

Der Text handelt von der Unausweichlichkeit des göttlichen Gerichts,
und hier verwendet Bergengruen Bilder und Anspielungen, die jedermann

verstehen kann, wenngleich der Sprecher nicht die Umgangssprache, sondern die gehobene Diktion der Poesie verwendet; denn das Gedicht ist an das große Publikum, nämlich an die Menge der während des Dritten Reiches schuldig gewordenen Zeitgenossen, nicht aber an eine avantgardistische Elite gerichtet, wie Elisabeth Endres fälschlich unterstellt. Sie folgt dem damals modischen Avantgardismus und spielt tatsächlich die „hermetische Poesie" eines Louis Aragon und Paul Eluard gegen Bergengruens Gedicht aus – so als könne es in der literarischen Moderne keine allgemeinverständliche Lyrik geben! (Endres 1983, 39ff.). – Man erkennt unschwer, daß sich die Verse auf das berühmte Bibelwort beziehen: „Was ihr auch nur einem von meinen geringsten Brüdern getan habt, habt ihr mir getan" (Mt 25,40).

Eugen Kogon hat für seinen programmatischen Aufsatz über „Gericht und Gewissen" in der ersten Nummer der *Frankfurter Hefte* (1946) als Motto diese Verse gewählt. Das Gedicht wurde auch zu Beginn des Prozesses gegen Adolf Eichmann, den Organisator der mitteleuropäischen Judenvernichtung, in Jerusalem (1961) öffentlich vorgetragen (Kroll 2005, 13). Auch Arno Schmidt kannte das Poem, er zitiert es vollständig in seinem Radio-Essay über Gustav Frenssen (1963), um Frenssens Begeisterung für Hitler und das Dritte Reich zu verurteilen (Schmidt 1991, 116). Warum läßt Schmidt in einem Text, der durchweg religionskritisch gestimmt ist, die Verse ohne ironischen Vorbehalt „sehr ernst" aufsagen? Weil er der Menschlichkeit und der Mitleidsethik, die in Bergengruens Zeilen zum Ausdruck kommen, ohne Vorbehalt zustimmen konnte. In diesem Fall hatte Schmidt, gewiß ein Neuerer literarischer Formen, weniger Skrupel als die auf das avantgardistische Dogma eingeschworenen Literaturhistoriker.

Das Brandopfer

Hier wäre auch die berühmteste Dichtung des Nachkriegs zu erwähnen, die eine religiös-biblische Konnotation aufweist: *Das Brandopfer* (1954) von Albrecht Goes (1908 – 2000). Der Autor hat aber alles getan, daß ihr Sinn nicht mißverstanden wird. Es ist eine fiktive Erzählung mit einem realen zeitgeschichtlichen Hintergrund. Erfunden sind die handelnden Figuren und die einzelnen Vorkommnisse. Historisch getreu geschildert werden aber das Zeitkolorit, das Verhalten der Menschen in der NS-Diktatur, das Schicksal der verfolgten Juden und ihre Erniedrigung durch SS-Kontrolleure. Die fragmentarisch erzählte Geschichte wirft einige Fragen auf, ohne sie jedoch alle zu beantworten; sie zwingt den Leser bewußt zum Nachdenken.

Die Hauptfigur ist eine Metzgersfrau, deren einziges Verdienst darin besteht, daß sie ihre jüdischen Kunden als Menschen, anständig und freundlich behandelt. Von dem Geschick der Entrechteten tief berührt, entschließt sie sich bei einem Bombenangriff auf ihr Haus, im Feuer unterzugehen. Es ist evident, daß nur im Kontext eines biblisch fundierten Glaubens dieses Verhalten als Opfer verstanden werden kann, und selbstverständlich läßt sich die Frage, ob dieses Verhalten zu rechtfertigen ist, nur beantworten, wenn man die Grundlagen des Glaubens anerkennt. Die Reflexion über diese Zusammenhänge bildet den Höhepunkt dieser dramatischen Geschichte, die in einem zurückhaltenden, unpathetischen Ton erzählt wird.

Der biblische Ausdruck ‚Brandopfer' lautet in der *Septuaginta*, der griechischen Übersetzung der hebräischen Bibel, *to holókauston*, wörtlich: ‚das ganz Verbrannte'. Davon sind das englische ‚*holocaust*' und das spanische ‚*holocausto*' abgeleitet. Wer die biblisch-sakrale Bedeutung dieses Wortes kennt, wird es gänzlich widersinnig und höchst geschmacklos finden, nach amerikanischem Vorbild von ‚Holocaust' zu reden, wenn damit die „Tötung einer großen Zahl von Menschen, bes. der Juden in der Zeit des Nationalsozialismus" gemeint ist (Duden 2009, 548). Der Duden erwähnt nicht die etymologische Bedeutung des Wortes, erst recht erklärt er nicht, wieso gigantische Massenmorde als Opfer verstanden werden können sollen. Dies aber zeigt uns wiederum, daß es meist zu unerträglichen Mißverständnissen führt, wenn man im modernen, profanen Diskurs Wörter mit einer religiösen Bedeutung unüberlegt verwendet, und eben dies ist ein Kernproblem der modernen christlichen Literatur.

Albrecht Goes hat dieses Problem erkannt und vorbildlich gelöst. Seine Erzählung wurde in zehn Sprachen übersetzt, die englische Fassung war in angelsächsischen Ländern lange Zeit Schullektüre (Goes 1989, 129).

Las Casas vor Karl V.

Bergengruens Roman über den Großtyrannen ist kein Schlüsselroman, aber auch kein historischer Roman im engeren Sinn wie etwa Döblins *Wallenstein*, sondern ähnlich wie Ernst Jüngers Erzählung *Auf den Marmorklippen* (1939) eine Parabel im historischen Gewand über das menschliche Verhalten in Zeiten der Diktatur. Der Roman bereichert nicht unser historische Bildung, was eine wesentliche Aufgabe des genuinen Geschichtsromans ist, er belehrt uns nicht eigentlich über die Vergangenheit, sondern spricht indirekt und figurativ immer über die rechtlichen und ethischen Zustände der unmittelbaren Gegenwart. Gemeint sind immer die aktuelle Unfreiheit der Öffentlich-

44

keit im Dritten Reich und die Illegitimität der Diktatur, die die universal geltenden Menschenrechte nicht anerkennt.

Die Erzählung Las Casas vor Karl V. (1938) von Reinhold Schneider (1903-1958) ist dagegen eine historische Erzählung im strengen Sinn. Sie beschreibt konkrete historische Verhältnisse, die tatsächlich bestanden, und Ereignisse, die tatsächlich stattgefunden haben: die unglaublich brutale Eroberung Mittelamerikas durch die Spanier, die rücksichtslose Ausbeutung der Eingeborenen und schließlich Las Casas' Kampf für ihre Rechte und ihre Freiheit. Es ist aber eine literarische Erzählung, kein wissenschaftlich-historiographischer Bericht, obwohl sie sich auf dokumentarisch belegte Fakten bezieht und tatsächlich vorhandene geographische Orte beschreibt. Sie enthält wie jeder Geschichtsroman auch fiktive Personen, fingierte Reden und fiktive Handlungselemente, was zur Folge hat, daß der Autor der Erzählung nicht mit dem Erzähler identifiziert werden darf (cf. Quack 2004, 56). Während bei Bergengruens Roman der Hauptakzent auf dem allegorischen Sinn liegt, ruht hier der Hauptakzent auf dem wörtlichen Textsinn, auf der Schilderung des vergangenen Geschehens.

Es ist die Intention der Erzählung, die Leser über historische Tatsachen zu belehren, nämlich über das himmelschreiende Unrecht, das das sogenannte christliche Abendland bei der Kolonisierung Lateinamerikas begangen hat, und über den christlich begründeten Widerstand gegen die Versklavung der Indios. Mit dieser primären Intention ist in dem zeitgeschichtlichen Kontext gewiß auch die Erwartung verbunden, daß der Leser das Gelesene auf seine aktuelle Situation anwendet: die Schilderung des historischen Unrechts soll den Lesern der ersten Stunde die Augen öffnen für das Unrecht, das aktuell begangen wird. Die Erzählung ist aber keineswegs allegorisch angelegt, als hätte der Text neben der primären noch eine zweite Bedeutung. Schneider vertraut darauf, daß der Leser selbst aus der erzählten Geschichte seine Lehren zieht. Bei Bergengruens Roman geht es um den allegorischen Sinn, der im Text intendiert ist. Bei Schneiders Erzählung geht es um die Anwendung, die der Leser von der Wahrheit des Textes in seiner Situation macht, und dies wäre auch möglich bei einem Text aus früheren Zeiten. Hier wäre an das zu erinnern, was Gadamer zur „Vollzugsweise des Verstehens" in der Hermeneutik ausführt: „Man unterschied eine subtilitas intelligendi, das Verstehen, von einer subtilitas explicandi, dem Auslegen, und im Pietismus fügte man dem als drittes Glied die subtilitas applicandi, das Anwenden, hinzu." (Gadamer 1965, 290f.) – So wurde *Wilhelm Tell* im Dritten Reich verboten,

weil der Sinn des Dramas als Kritik der aktuellen politischen Zustände aufgefaßt werden konnte.

Schneider geht es um die genaue Darstellung eines scharfen politisch-
moralischen Konflikts: „das Naturrecht gegen das Staatsrecht" (Schneider
1979, 101). Er beschreibt den Gegensatz einer machiavellistischen Staatsauffassung, die den unbedingten Primat der politischen Macht betont, und einer
christlich-ethisch fundierten Staatsauffassung, die den Vorrang der Freiheitsrechte aller Menschen betont. Las Casas sorgt sich um die politischen Alter-
nativen, die sich aus diesen Staatstheorien ergeben, besonders um die Frage,
ob „die Indios allein durch kriegerische Macht bekehrt werden könnten"
oder ob „das Bekehrungswerk allein mit den Mitteln des Glaubens und ge-
wissermaßen unabhängig von der Rücksicht auf den Staat die eigentliche
Aufgabe der Spanier in den Neuen Indien sei" (l.c. 50ff.). Er verurteilt die
Versklavung der Indios und die irrige Begründung dieser Praxis, „daß für
höhere Rassen ein anderes Recht gelte als für mindere" (l.c. 101). Am Ende
läßt sich der Kaiser überzeugen und erläßt Neue Gesetze, die die Freiheit der
Indios garantieren. Doch wird es nach lange dauern, bis diese Gesetze auch
befolgt werden.

Nachgeborene Interpreten haben gemeint, die beschwörenden Worte, die
Las Casas an den Kaiser richtet, hätten insofern „eine aktuelle Bedeutung"
gehabt, als sie an die „Machthaber" der NS-Zeit gerichtet seien (Schonauer
1981, 152). Diese Deutung verrät ein unzulängliches Verständnis historischen und allegorischen Erzählens. Denn die Erzählung wendet sich ganz
offensichtlich nicht an die NS-Führer und ihren fanatisierten Anhang, sondern an die Zeitgenossen, die sich einen Sinn für elementare Menschlichkeit
bewahrt haben.

Über die aktuelle Beziehung der Erzählung schreibt Schneider: „Ich sah
in ihr die Möglichkeit eines Protestes gegen die Verfolgung der Juden"
(Schneider 1956, 146). Damit meint er natürlich die Verurteilung des Rassismus, die der nazistischen Rassenlehre entschiedener nicht widersprechen
könnte. Es für den Autor aber bezeichnend, daß er an der zitierten Stelle
fortfährt: „Zugleich ergriff mich das alte Thema von der Schuld Europas,
der Christenheit an der Welt, die Tragödie der Expansion". Anders gesagt, er
meint damit seine Kritik des politisierten Christentums und seine eigene
tragische Geschichtsauffassung, ist er doch überzeugt, daß es in der Geschichte kein politisch relevantes Handeln ohne schwere Schuld gegeben hat.
Dies gilt auch für Las Casas, auf dessen Gewissen schwer lastet, daß er sich

dafür eingesetzt hat, „Neger als Arbeitssklaven nach Westindien" zu bringen (Schneider 1979, 104).

Für heutige Leser bleibt Schneiders monarchistische Gesinnung problematisch. Unverständlich ist auch, warum er die Frage der christlichen Heidenmission nur historisch beschreibt und nicht grundsätzlich erörtert, wie es etwa Döblin in seinem Amazonas-Roman (1937) getan hat. Anerkennen muß man aber, daß Schneider die Zeit seiner Erzählung als Epochenzäsur darstellt, in der sich der neue Begriff einer unbegrenzten Welt bildet, dem der Begriff des unbegreiflichen menschlichen Individuums entspricht.

Es wäre reizvoll, diese Erzählung mit dem Kapitel über Las Casas in Döblins Roman im einzelnen zu vergleichen. Doch muß die Bemerkung genügen, daß zwei verschiedene Erzählformen vorliegen: hier eine novellistische Dramatisierung, dort eine epische Sequenz in einem weitgespannten erzählerischen Universum. Selbst wenn man diesen gattungstheoretischen Unterschied beachtet, bleibt doch festzuhalten, daß Döblins Kraft der lebendigen Erzählung und anschaulichen Personenschilderung ungleich größer ist als Schneiders narrative Begabung. Das gleiche gilt von Döblins zupackendem, elliptisch knappen Sprachstil und Schneiders blasserer, zuweilen akademisch bemühter Diktion. Reizvoll sind aber seine erzähltheoretischen Reflexionen, wie sich aus fragmentarischen Auskünften der Umriß eines Lebenslaufs rekonstruieren läßt. Auch kann man nicht bestreiten, daß Schneider den Wechsel von indirekter und direkter Rede kunstvoll und überlegt anwendet.

Reinhold Schneider hat während des Krieges zahlreiche religiöse Gedichte verfaßt, die unter der Hand zirkulierten und damals viel gelesen wurden. Es waren reine Gebrauchstexte, mit denen der Autor keinen literarischen Anspruch verband. Sie brauchen hier nicht beachtet zu werden, während einige Sonette aus seiner Frühzeit durchaus beachtenswert sein sollen (cf. Maier 2008, 460). Wichtiger sind einige Gedanken aus seiner intellektuellen Autobiographie. Er spricht nicht von einer heilen Welt, sondern betont mit einer gewissen Emphase, daß die Welt krank sei (Schneider 1956, 149). Er fühlt sich mit der leidenden Kirche solidarisch, nicht mit der auf Erden triumphierenden Kirche. Für ihn ist sie keine „politische Autorität", vielmehr gilt ihr als politisch handelnder Institution seine schärfste Kritik, besonders dem Umstand, daß der Vatikan als erster Staat mit dem Hitler-Reich einen Vertrag geschlossen hat: „Als Katholik komme ich nicht über das Konkordat hinweg. Als Katholik sehe ich mich nicht imstande, die Schuld zu leugnen." Außerdem wirft er der offiziellen Kirche vor, daß sie sich im Augenblick der Verfolgung nicht mit den Juden solidarisch erklärt hat: „Am Tage des Synagogensturmes hätte die Kirche schwesterlich neben der Synagoge erscheinen müssen. Es ist entscheidend, daß das nicht geschah." Es ist aber für die Redlichkeit des Autors bezeichnend, daß er für sich selbst eingestehen muß, daß er damals „zu feige" war, etwas dagegen zu sagen (l.c. 212, 155).

Meines Erachtens ist von seinem Werk, neben der Erzählung über Las Casas, vor allem *Winter in Wien* (1958) lesenswert geblieben. Das Journal zeigt einen christlichen Intellektuellen, der seinen Glauben mit dem modernen Weltbild der Naturwissenschaften in Einklang zu bringen sucht, und es zeigt vor allem Schneiders außergewöhnlich umfassende geschichtliche Bildung, den wichtigsten Grund für seine unheilbare Schwermut. Auf Schritt und Tritt lotet er die historische Tiefendimension der Stadt aus, die einst die Metropole eines riesigen Reiches war, den Glanz, das Elend und die Schuld einer langen Tradition der Herrschaft. Der Kenner des europäischen Nihilismus in all seinen Spielarten entdeckt selbst im Wiener Walzer eine Variante dieser Geisteshaltung, einen „Nihilismus mit Herz" (Schneider 1984, 21).

Hier wäre auch daran zu erinnern, daß Reinhold Schneider am Ende seines Lebens in der Idee der Unsterblichkeit der menschlichen Seele ein Problem sah, das er nicht lösen konnte. Er verneinte keineswegs das Dogma von der Auferstehung des Fleisches, doch wünschte er für sich ‚ewige Ruhe' im strikten Sinn, einen Schlaf, von dem es kein Erwachen gibt (l.c. 98f., 129). Die Motive für Schneiders Ansicht lassen sich im einzelnen schwer ergründen, evident ist jedoch, daß sie der Ausdruck einer tiefen Melancholie sind, der sich ein in der Geschichte lebender und von der Geschichte bedrängter Historiker nicht entziehen kann.

Die Existenzphilosophie hat seinerzeit gründlich über die abstrakte Kategorie der Geschichtlichkeit reflektiert, bei Schneider kann man lernen, was die historische Existenz konkret bedeutet. Wer in unserer geschichtslosen Gegenwart wissen möchte, wie es ist, wenn ein Mensch in dieser Epoche sich als geschichtliches Wesen erlebt, findet dafür in dem Tagebuch Schneiders beeindruckende Zeugnisse.

Die sterbende Kirche

Döblin schreibt ein modernes, lebendiges Deutsch, das an den mündlichen Sprachgebrauch erinnert, aber keineswegs mit ihm identisch ist. Wenn seine Diktion den Eindruck der Einfachheit macht, so sollte man sich immer der ästhetischen Grundtatsache bewußt sein, auf die Vladimir Nabokov nachdrücklich hingewiesen hat, daß Einfachheit in der literarischen Prosa niemals naiv ist, sondern das Ergebnis höchst reflektierter Kunstformung. Analoges ließe sich über die Prosa von Bernanos und Graham Greene sagen, nicht jedoch von dem Sprachstil Edzard Schapers (1908-1984).

Seine Diktion gleicht in den geglückten Passagen der Prosa Kleists, häufig aber einem unnötig verschachtelten, leblosen, monotonen Behördendeutsch. Das ist der wichtigste Einwand, den man gegen sein Werk vorbringen muß. Schaper schreibt öfter, als es thematisch begründet wäre, wie ein Chronist, der die Bestandsaufnahme seiner Zeit in einem offiziösen Sprachstil vornimmt. Das mag damit zusammenhängen, daß er die meisten Jahre seines Lebens in fremdsprachigen Milieus zugebracht hat. Seine Sprachnot erinnert an die Sprachprobleme, die in ähnlicher Lage Peter Weiss zu meistern hatte, während etwa Elias Canetti, meist im Ausland lebend, das reinste und lebendigste Deutsch schreiben konnte.

Für Schaper spricht aber, daß er ein ähnlich ausgeprägtes Aktualitätsbewußtsein für geistige Probleme hat wie Graham Greene und daß zwei seiner Erzählungen in den Kanon der christlichen Literatur eingegangen sind, hohe Auflagen erreicht haben und noch heute gerne gelesen werden: *Das Christkind aus den großen Wäldern* (1952) und die *Legende vom vierten König* (1961), die in einem volkstümlich einfachen Stil geschrieben ist, der eine beachtliche literarische Leistung darstellt.

Manche Interpreten halten den Doppelroman *Macht und Freiheit* (1961), der von der inneren, existentiellen „Freiheit des Gefangenen" und der religiösen „Macht der Ohnmacht" in den Zeiten der napoleonischen Unterdrückung handelt, für sein Hauptwerk. Doch läßt sich dieses Urteil kaum aufrechterhalten. Gewiß ist das Thema des Romans brennend aktuell, die extreme Situation des seiner Freiheitsrechte beraubten Menschen und der geistige Widerstand des auf sich allein gestellten Einzelnen, der von seinem Glauben überzeugt ist. Man kann auch verstehen, daß Schaper die Gattung des historischen Romans gewählt hat, um zu zeigen, daß das Thema nicht nur in der Epoche Hitlers und Stalins aktuell war. Doch hat er seine Intention nicht überzeugend verwirklichen können: das historische Kolorit des Romans ist zu schwach aufgetragen, die Figurenschilderung bleibt ein wenig blaß und die ambitionierte Problematik wird intellektuell kaum bewältigt. Hervorzuheben wäre aber die von dem Roman vermittelte historische Erfahrung, daß in politischen Angelegenheiten die Kirche keine Autorität besitzt.

Von seinem umfangreichen Werk ist vor allem *Die sterbende Kirche* (1935) lebendig geblieben. Es ist ein vielpersoniger, multiperspektivischer Roman, die Handlung spielt anfangs der dreißiger Jahre in einem Hafenstädtchen Estlands, jener Landschaft, die mit ihrem Völker- und Sprachgemisch, ihrer brisanten Lage, der Grenze zwischen errungener politischer Freiheit und neuer atheistisch geprägter Diktatur in Rußland, Schaper am meisten zusagte. Das Werk ist mit den reizvollen Naturschilderungen, einem Ensemble einprägsamer Figuren, den schroffen ideologischen Gegensätzen, der dichten historischen Atmosphäre zweifellos der welthaltigste Roman des Autors. In der Hauptsache geht es um die unsichere Existenz der orthodoxen Kirche, die in einer säkularen Umgebung ihrer gesellschaftlichen Macht und der staatlichen Protektion beraubt ist. Die verelendete Kirche wird repräsentiert durch einen greisen Priester, der in den überlieferten Denkmustern befangen ist, aber dennoch zu der ökumenischen Einsicht gelangt, daß die Grenzen zwischen den Konfessionen unter den Bedingungen der Gegenwart zweitrangig geworden sind. Neben ihm wirkt ein jüngerer Diakon, der die geistige Substanz des Glaubens aufgeben hat und nur noch an der äußeren Hülle festhält, ein schwacher Vertreter jenes kirchlichen Positivismus, von dem oben die Rede war. Er sympathisiert mit der regimehörigen Kirche Moskaus, die man mit den „Deutschen Christen" unter Hitler vergleichen könnte.

Der Titel ist wörtlich und symbolisch zu verstehen. Gemeint ist das morsche, vom Einsturz bedrohte Gebäude und die schwache Institution, die ihren Einfluß weitgehend verloren hat. Auch wird auf das biblische Gleichnis von dem Samenkorn angespielt, das absterben muß, wenn neues Leben entstehen soll. Die Zukunft der Kirche wird durch einen verwaisten Jungen und ein zugewandertes Mädchen repräsentiert, das religionslos erzogen wurde, sich dann aber dem orthodoxen Glauben zuwendet. Übrigens ist die Schilderung der jugendlichen Mentalität eines der Glanzlichter des Romans. Schaper dürfte der erste Romancier gewesen sein, der die Geisteshaltung von Jugendlichen geschildert hat, die in einem modernen atheistischen Land erzogen werden und das Christentum nur durch indoktrinierte Phrasen kennen. Es ist beeindruckend, wie er die Einsamkeit dieser Halbwüchsigen, das „grausame Heimweh" des Mädchens beschreibt, das sich in die ärmlichen Verhältnisse der sibirischen Stadt zurückwünscht, in der es aufgewachsen ist (Schaper 1958, 162). Um die Hauptpersonen zu charakterisieren, bedient Schaper sich des inneren Monologs und der erlebten Rede; den Wechsel der Perspektive vollzieht er oft nach Art der filmischen Montage – Erzählformen, die als typisch modern gelten.

Den Lesern der Nachkriegszeit war bewußt, daß in dem Roman eine Situation des Christentums beschrieben wird, die ähnlich auch den westlichen Kirchen bevorsteht. Inzwischen dürfte sich die Lage des Christentums in unseren Breiten von der Schilderung Schapers nicht mehr allzu sehr unterscheiden. Darin liegt die Zeitgemäßheit dieses Romans, der heute zu Unrecht vergessen ist.

Dagegen wird die Geschichte von dem Christkind aus den großen Wäldern auch heute noch gern gelesen. Die Erzählung schildert eine selbst für diese Zeit unerhörte Begebenheit aus dem Winter 1941 des finnisch-russischen Krieges. Eine finnische Patrouille unternimmt einen Erkundungsgang nach Ostkarelien und befreit ein Kleinkind aus einer Minenfalle. Zur gleichen Zeit wird die Familie des Korporals, der das Kind gerettet hat, durch Bomben vollständig ausgelöscht. Der Spähtrupp kann das Kind unversehrt nach Finnland bringen, wo der Korporal es schließlich adoptiert.

Hier konnte Schaper aus der Not seiner Sprache eine thematische Tugend machen. Er erzählt die Geschichte in einem betont schlichten Rapport nüchtern und emotionslos. Die Personen werden meist von außen beschrieben, ihr Vorgehen wird in Begriffen des militärischen Handwerks sachlich geschildert. Innere Erlebnisse kommen nur zur Sprache, wenn sie sich im Verhalten äußern; Gedankenberichte kommen überhaupt nicht vor. Nur der Rahmen der Erzählung, die Überschrift und der Schlußsatz, geben explizit zu verstehen, daß diese fachmännisch präsentierte Kriegsepisode auch einen religiösen Sinn hat. Die hermeneutische Pointe liegt auf der Hand: Der Leser ist keineswegs gehalten, diese spezifische Deutung zu übernehmen. Da das Geschehen objektiv referiert wird, läßt es sich auch anders deuten, z. B. im Sinne einer allgemein-menschlichen Mitleidsethik. Fraglos ein Kabinettstück der modernen christlichen Dichtung.

Fazit

Ich denke, die genauere Lektüre der besten Werke von Bergengruen, Goes, Schaper und Reinhold Schneider dürfte gezeigt haben, daß es einige Gründe dafür gibt, diese Autoren, solide Meister zweiten Ranges, zur Literatur der Moderne zu zählen. Zugleich dürfte im Fall von Döblin, Greene und Bernanos klar geworden sein, daß man den zur allein gültigen ästhetischen Norm erhobenen Modernismus in der Literatur nicht allzu wichtig nehmen sollte. Schließlich ist Döblin, was den epischen Roman angeht, bei einem antiken Klassiker, Homer, in die Schule gegangen, den er für einen genauen Beobachter der Wirklichkeit hielt, und gelegentlich hat er über moderne Autoren gespottet, die von ihm nur die Blindheit geerbt hätten. Und wenn man die Essays von Haecker und Radecki, die hier in Sachen christlicher Literatur öfter zitiert wurden, genauer betrachtet, wird man erkennen, daß auch sie in das modernistische Schema Petersens nicht recht passen. Sie haben die kulturhistorischen Bedingungen der Moderne weit gründlicher untersucht als der Poetologe. Das gleiche gilt von der Beziehung zwischen religiösem Glauben und wissenschaftlichen Weltbild.

Nach jenem Schema sieht es so aus, als könne ein Autor nur dann modern genannt werden, wenn er mit dem aktuellen Zeitgeist konform geht – diese Auffassung wäre eine Art historistischer Konformismus oder Provinzialismus, eine Doktrin, die die Dinge extrem vereinfacht. Denn für die moderne Kultur sind rationale Reflexion und rationale Kritik konstitutive Merkmale, und daraus folgt, daß wissenschaftliche Weltbilder, und natürlich auch Modernitätstheorien, der rationalen Kritik ebenso ausgesetzt sind wie die traditionellen Weltbilder. Die Essayisten, von denen noch die Rede sein wird, waren sowohl Diagnostiker als auch Kritiker ihrer Epoche.

IV. Über einige Romane Heinrich Bölls

Man kann nicht jedem jede Geschichte erzählen.

W. Schapp

Wer über die christliche Literatur im letzten Jahrhundert schreibt, kann die Romane Bölls keinesfalls ignorieren. Böll (1917-1985) hat es zwar immer abgelehnt als katholischer Schriftsteller bezeichnet zu werden – er wollte um keinen Preis mit dem offiziellen Katholizismus, der institutionalisierten Kirche Deutschlands in Verbindung gebracht werden. Seine Romane durchleuchten aber nicht nur das ihm vertraute rheinisch-katholische Milieu sehr eindringlich, sie sind zweifellos auch aus einem dezidiert christlichen Geist geschrieben und sie haben zu ihrer Zeit wie wenige andere Romane eine starke gesellschaftliche Wirkung ausgeübt. Seit den sechziger Jahren war ein neuer Roman von Böll nicht nur ein literarisches, sondern auch ein gesellschaftliches Ereignis, das oft lebhafte politische und sozialkritische Debatten auslöste.

Im folgenden werde ich seine wichtigsten Romane im Hinblick auf das Thema dieses Essays kurz besprechen und wiederum die schlichte, aber fundamentale Frage stellen, was sie uns heute noch zu sagen haben. Ich werde auch die charakteristischen Merkmale seiner Erzählkunst untersuchen, die von der zeitgenössischen Kritik durchweg sträflich unterschätzt oder ignoriert wurde. Im Rückblick ist es erschreckend zu sehen, wie wenig die damaligen Rezensenten von Erzähltheorie und Erzähltechnik gewußt haben. So hat man, um den schwersten Fehler der Kritik zu nennen, nicht erkannt, daß man in narrativen Texten Sprachstil und Erzählstil sorgfältig unterscheiden muß. Man hat vielfach die elementare Unterscheidung mißachtet, daß die Strukturen der Diktion nicht identisch sind mit den Strukturen der Erzählung. Man gab sich bisweilen der Illusion hin, man habe Sinn und Qualität eines Romans erfaßt, wenn man den Sinn des Sprachstils erkannt hat. Dieses Vorurteil beherrscht übrigens auch heute noch viele literarische Besprechungen, und mancher Autor kümmert sich vor allem um die Eigenart seiner Prosa und vergißt darüber, daß der Romancier vor allem eine Geschichte haben sollte, die erzählenswert ist.

(I.) Zunächst aber wäre ein Wort zum Begriff der deutschen Nachkriegsliteratur zu sagen. Als *Billard um halbzehn* im Herbst 1959 zusammen mit der *Blechtrommel* von Günter Grass, den *Mutmaßungen über Jakob* von Uwe Johnson und *Sprachgitter* von Paul Celan erschien, sprach eine Zeitung von dem Beginn der deutschen Nachkriegsliteratur. Dieses Urteil wurde bald zu einem Klischee, es wurde immer wieder nachgesprochen, selbst Grass wiederholt es in *Mein Jahrhundert* (1999) und es findet sich noch heute in den Feuilletons. Doch ist dieses zur Phrase gewordene Urteil über eine literarhistorische Zäsur in dreifacher Hinsicht falsch, ungenau und unbegründet.

Diese Einschätzung berücksichtigt nicht, daß sowohl Böll als auch Celan lange vor diesem Datum beachtliche Werke veröffentlicht haben, darunter die frühen Erzählungen und Romane Bölls, aus denen *Wo warst du, Adam?* (1951) hervorragt, mit dem wir uns noch näher beschäftigen werden, und die „Todesfuge", Celans bekanntestes Gedicht, das in *Mohn und Gedächtnis* (1952) erschienen ist. Ausgeblendet werden auch die fesselnden, vielbesprochenen Publikationen der ersten Nachkriegsjahre: Arno Schmidts *Leviathan* (1949) und das *Steinerne Herz* (1956), Alfred Anderschs *Kirschen der Freiheit* (1952), die schonungslose Selbstkritik seines Verhaltens während des Dritten Reiches und die Rechtfertigung seiner Desertion, ein Tabubruch ohnegleichen – er wurde ihm von der konservativen Öffentlichkeit der Bundesrepublik nie verziehen. Nicht beachtet wird *Sansibar oder der letzte Grund* (1957) von Andersch, *Die gestundete Zeit* von Ingeborg Bachmann (1952), die frühen Arbeiten von Max Frisch, Friedrich Dürrenmatt, Hans Magnus Enzensberger etc.

Zweitens wird in jenem Klischee der Begriff der deutschen Nachkriegsliteratur viel zu eng definiert, als daß er plausibel wäre. Er umfaßt nur die Werke der Autoren, die nach dem Krieg zu schreiben begannen, und schließt gerade jene Romane aus, die die deutsche Nachkriegssituation am schonungslosesten dargestellt haben: *Tauben im Gras* (1951), *Das Treibhaus* (1953), *Der Tod in Rom (1954)* von Wolfgang Koeppen, Romane, die, was die erzähltechnische Qualität und den intellektuellen Gehalt angeht, nahezu alle Produktionen der folgenden Jahrzehnte überragen. Selbstverständlich gehören zu der Literatur des Nachkriegs auch die Schriften, die die Großen der klassischen Moderne nach 1945 veröffentlicht haben: Alfred Döblins *November 1918*-Trilogie (1948/50), sein Hamlet-Roman (1956), der *Doktor Faustus* (1947) von Thomas Mann, die *Strahlungen* (1948) und *Heliopolis* (1948) von Ernst Jünger, die epischen Romane Heimito von Doderers, das Spätwerk Bert Brechts und Gottfried Benns, die *Blendung* (1948) von Elias Canetti, die damals nahezu unbeachtet blieb, und selbstverständlich auch der *Fragebogen* (1950) von Ernst von Salomon, der erste deutsche Bestseller des Nachkriegs, der auch außerhalb des Landes gelesen wurde – und hier von den Literaturkennern höher geschätzt wurde als von den politisch-korrekten Literarhistorikern in Deutschland.

Allein diese kurze Aufzählung bedeutender Werke kann uns lehren, daß das Klischee vom Beginn der deutschen Nachkriegsliteratur falsch sein muß.

Wie steht es mit den Hervorbringungen des gelobten Jahres 1959? War das Lob begründet, die Anerkennung verdient? *Billard um halbzehn* bleibt aus Gründen, auf die ich noch zu sprechen komme, lesenswert, wenngleich es auch einige gravierende Schwächen aufweist. Die *Mutmaßungen über Jakob* betrachten wir heute als das beachtliche, aber doch etwas manieristische Debüt eines Autors, der erst in den *Jahrestagen* sein Bestes gegeben hat. Daß die *Blechtrommel* nicht über jede Kritik erhaben ist, dürfte sich selbst in Anfängerkreisen herumgesprochen haben.

(II.) Böll gehört zu jenen Autoren, die gern und ausführlich über ihre Werke Auskunft geben. Er nahm jede Gelegenheit wahr, um seine Romane zu interpretieren und auf diese Weise die Rezeption seines Werkes zu steuern. Es versteht sich, daß manche Literaturhistoriker und Kritiker diesen Winken bereitwillig gefolgt sind. Sie glaubten, der eigentliche Sinn der Romane sei in der Deutung des Verfassers ausgesprochen. Indem sie die Interpretation des Autors für die wahre oder authentische Deutung seines Werkes halten, begehen sie aber einen methodologischen Fehler. Sie verwechseln die *intentio auctoris*, das, was der Autor im Werk sagen wollte, mit der *intentio operis*, mit dem, was im Werk tatsächlich zum Ausdruck gebracht wird. Mit anderen Worten: „Die moderne Mode, die Selbstinterpretation eines Schriftstellers als Kanon der Interpretation zu verwenden, ist die Folge eines falschen Psychologismus." (Gadamer 1965, 181)

Daraus folgt, daß Bölls Aussagen über seine Romane keinen erkenntnistheoretischen Vorrang haben vor den Aussagen anderer Interpreten; sie stehen auf der gleichen Stufe wie die Deutungen der anderen Leser seines Werkes. Das schließt natürlich nicht aus, daß er manches Erhellende über seine Romane gesagt hat; er hat aber auch manches behauptet, was sich durch den Text nicht belegen läßt.

Er verstand sich als ein Schriftsteller, der für seine Zeit, für seine Zeitgenossen schreibt, und erklärte, daß es ihm gleichgültig sei, wie lange, das, was er geschrieben habe, überleben werde (*Interviews* 1,456). In einem anderen Gespräch behauptet er, in seinen Romanen sei das Zeitkolorit, der historische Stoff zweitrangig und betont: „Das, was zählt, ist eine durchgehende, ich möchte fast sagen, mythologisch-theologische Problematik, die immer präsent ist" (l.c. 516). Er denkt an die Tatsache, daß es mythologische Geschichten gibt, die die Grundbedingungen des Menschseins in vorbildlicher Weise zum Ausdruck gebracht haben, und gibt zu verstehen, daß seine Romane von ähnlichen, die Zeiten überdauernden Themen handeln und daß auch er gelegentlich auf mythologische Deutungsmuster zurückgreift. Vor allem aber bezieht er sich auf moralische Konflikte wie das Problem der Schuld oder den Widerspruch von Liebe und Ehe, an existentielle Grundsituationen, die zu allen Zeiten gelten und für ihn immer eine religiöse Bedeutung haben.

Dazu wäre zunächst zu wiederholen, daß das Urteil Bölls über seine literarischen Arbeiten für uns nicht maßgebend sein kann. Es kann uns nicht daran hindern zu fragen, was von seinem Werk überlebt hat und uns noch ansprechen kann, denn schließlich ist es dieser Punkt, der uns im Hinblick auf die Literatur einer vergangenen Epoche am meisten interessiert. Dann wäre zu bedenken, daß man nicht jede seiner Äußerungen, die er gesprächsweise gegeben hat, auf die Goldwaage legen darf. So ist offensichtlich, daß die Aussage, er schreibe nur für seine Zeit, nicht das gleiche Gewicht hat wie die Aussage, ihm gehe es in erster Linie um die Darstellung einer Problematik, die letztlich von zeitlichen Umständen der jeweiligen Erzählung unabhängig sei. Als Beispiel führt er ausgerechnet den Kriegsroman *Wo warst du, Adam?* an, dessen existentielle Probleme er auch in einer anderen, unkriegerischen Situation hätte darstellen können (l.c. 526). Wir werden sehen, daß er damit tatsächlich die Intention des Romans richtig beschrieben hat.

Man erkennt auf den ersten Blick, daß sich die beiden Aussagen nicht leicht auf einen Nenner bringen lassen und eine Menge Fragen aufwerfen, die ich hier nicht alle erläutern, geschweige denn beantworten kann. Bölls erste Aussage hat eine gewisse Ähnlichkeit mit der These Jean-Paul Sartres, daß ein Autor „für seine Epoche schreiben" sollte. In radikal zugespitzter Form besagt diese Maxime, daß ein Roman die Selbstdarstellung der Generation des Autors sein sollte, und dieser Grundsatz enthält die desaströse Folgerung, daß ein solcher Roman für die nachfolgende Generation wahrscheinlich ohne Belang sein werde. Zu dieser Auffassung bemerkt Julien Benda, der Kritiker der Intellektuellen, die dem jeweiligen Zeitgeist huldigen, sarkastisch: „Soviel Entsagung grenzt schon ans Erbärmliche" (Benda 1984, 61). Die Literaturvorstellung, die Benda kritisiert, war nicht nur eine Erscheinung im Frankreich des Nachkriegs, wo der Existentialismus schick und modisch war, sie beherrscht auch gerade heute weitgehend unsere Literaturszene, die praktisch nur noch kurzlebige Neuerscheinungen kennt.

Benda denkt natürlich an den uns vertrauten Begriff der Kunst, für den es wesentlich ist, daß alle Kunst ein Moment des Dauerhaften enthält. Als echte Kunst betrachten wir nur ein Werk, das in seiner Art auch mustergültig für spätere Epochen ist. Das soll nicht heißen, daß es immer nachahmenswert sei, sondern, daß es unübertrefflich in dem Sinne ist, daß es für ein

Thema einen Ausdruck gefunden hat, der uns als vollkommene Darstellung erscheint. Selbst wenn wir transitorische Künste beurteilen, etwa eine Theateraufführung oder ein Konzert, orientieren wir uns an der Norm des Dauerhaften, wir nennen eine geglückte Aufführung aus guten Gründen unvergeßlich und man hat Geräte erfunden, um solche einmaligen Augenblicke für spätere Zeiten festzuhalten.

Sartre hat seine These mit zwei Argumenten gestützt, die es verbieten, sie im Sinne jener allzu beschränkten Maxime der Literatur einer Generation aufzufassen. Er erinnert daran, daß „der Blick, den unsere Nachkommen auf uns werfen, nicht privilegiert" sei, weil sie selbst wieder von späteren Lesern beurteilt würden (Sartre 1978, 185). Das Argument ist natürlich begründet, es schließt aber gerade nicht ein, daß nachfolgende Leser ein Werk besser verstehen können, als es die Zeitgenossen verstanden haben, wie dies zum Beispiel bei Hölderlin und Büchner der Fall war, deren Bedeutung erst Jahrzehnte nach ihrem Tod erkannt wurde. Wenn wir heute Hölderlin und Büchner zu den Klassikern der deutschen Literatur zählen, übernehmen wir das Urteil jener Interpreten, die den bleibenden Wert dieser Dichter erkannt haben. Wir machen es aber auch den Zeitgenossen Hölderlins zum Vorwurf, daß sie blind waren für die Bedeutung seiner Gedichte.

Das zweite Argument Sartres besagt, daß für seine Epoche schreiben nicht heißen solle, „daß man sich in ihr einschließen muß"; es solle vielmehr heißen, daß man „sie verändern, also sie zur Zukunft überschreiten" sollte (l.c. 189). Er sieht also in dem literarischen Werk selbst ein Moment, das über die unmittelbare Gegenwart hinausweist. Zwar glaubt er, daß der Nachruhm selbst großer Schriftsteller nur eine endliche Zeit dauern werde, doch hat er diese Zeitspanne recht großzügig bemessen, wenn er von dem Schriftsteller erklärt: „Solange seine Bücher Wut, Verlegenheit, Scham, Haß und Liebe hervorrufen, wird er leben, und wenn er nur noch ein Schatten ist!" (l.c. 190)

Obwohl Böll seine Ansicht, die er mehr oder weniger spontan äußert, nicht weiter expliziert hat, spricht nichts dagegen, sie in dem großzügigen Rahmen zu deuten, den Sartre umrissen hat. Doch will ich Bölls Aussage zu dieser Frage nicht überbewerten. Zu seiner zweiten Bemerkung wäre aber zu sagen, daß sie unbedingt ernst zu nehmen ist und, wie wir sehen werden, das entscheidende Wesensmerkmal seines Œuvres richtig beschreibt.

(III.) Um schließlich noch einen dritten Selbstkommentar von größter Wichtigkeit zu erwähnen: Böll hat wiederholt nachdrücklich erklärt: „Ich bin kein psychologischer Schriftsteller" (*Interviews* 1,252). Er will damit sagen, daß ihm wenig daran gelegen ist, zu zeigen, wie sich seine Romanfiguren entwikkeln. Seine Figuren treten gleichsam als fertige Personen auf den Plan, was ihnen etwas Statisches verleiht, und Leni Pfeifer in *Gruppenbild mit Dame* wird tatsächlich als „Statue" bezeichnet (*Romane* 5,259). Andererseits ist Böll auch kein Porträtist in dem Sinne, daß er die leibliche Gestalt der Figuren abschilderte (*Interviews* 1,387). Vielmehr ist es so, daß seine Personen gewöhnlich durch ihren Namen identifiziert werden – daher die signifikante Bedeutung der Eigennahmen in seinem Werk. Qualitativ sind seine Figuren durch ihre geistige Physiognomie, ihren moralischen Charakter gekennzeichnet, hauptsächlich aber durch ihre persönliche Geschichte. „Die Geschichte steht für den Mann", erklärt Wilhelm Schapp in seiner Phänomenologie der Geschichte, was bedeuten soll, daß wir zu einem Menschen nur Zugang finden über seine Geschichte (Schapp 1976, 100; 103ff.). Damit ist auch ein spezifisches Merkmal der Romankunst Bölls genannt.

Zum psychologischen Roman, wie wir ihn etwa bei Knut Hamsun, Georges Bernanos oder Georges Simenon vorfinden, wäre noch anzumerken, daß die Art ihrer Personencharakterisierung natürlich wenig mit der wissenschaftlichen Schulpsychologie zu tun hat. Die unverächtliche Stärke dieser Romanciers ist eine profunde Menschenkenntnis, die Einsicht in die Vielfalt und Variabilität der menschlichen Seele, die sich der Erfassung durch Regeln oder Gesetze entzieht. Nicht ohne Grund haben Hamsun und Simenon geradezu verächtlich über die mangelnde Menschenkenntnis der Fachpsychologen gesprochen, die sich oft genug in ihren schreienden Fehlurteilen äußert (cf. Quack 2000, 41f.; 71).

Was Böll angeht, so nimmt er natürlich auch für sich in Anspruch, über ein genügendes Maß an Menschenkenntnis zu verfügen, und wenn er sagt, daß es ihm nicht auf die psychologische Charakterisierung der Personen ankommt, so bleibt doch die Frage offen, ob nicht doch im Einzelfall seine Schilderung an Glaubwürdigkeit gewonnen hätte, wenn er bestimmte Personen psychologisch genauer beschrieben hätte. Er hat aber in dem Hauptpunkt recht, daß man die Intention seiner Romane verfehlt, wenn sie nur unter dem Gesichtspunkt der psychologischen Wahrscheinlichkeit beurteilt – was, nebenbei bemerkt, tatsächlich der gängige Gesichtspunkt war, den die Literaturkritik in bezug auf sein Werk im Auge hatte. Um einen auch sein Werk treffenden Ausdruck von Joseph Conrad aufzugreifen, ihm geht es als Erzähler in erster Linie darum, die „moralische Atmosphäre" einer Situation zu schildern (Conrad 1984, 466).

Wo warst du, Adam?

Wo warst du, Adam? (1951) ist ein Episodenroman über den Krieg. Es ist keine Sammlung von Erzählungen oder Kurzgeschichten, wie man gemeint hat, sondern ein echter Roman, der in neun Kapiteln die Geschichte mehrerer Personen erzählt, deren Schicksale miteinander verbunden sind. Die Handlung beginnt im Sommer 1944 und endet im Frühjahr 1945. Das erste Kapitel schildert den Aufmarsch eines Truppenverbandes an der rumänischen Front, die folgenden Kapitel beschreiben Szenen in Ungarn und der Slowakei, das letzte Kapitel handelt von Ereignissen an der Front in Westdeutschland.

Wo warst du, Adam? ist zu einem guten Teil ein Roman der Beobachtung, der Beschreibung äußerer Ereignisse, die von einem genauen Standort aus gegeben wird. Oft wird berichtet, was militärische Beobachtungsposten vor Augen haben; auch enthält der Text sprechende Beschreibungen von Gemälden und Fotographien. Gelegentlich gleicht der Erzählvorgang der Führung einer Filmkamera, so im ersten Kapitel, wo zuerst der gesamte Truppenverband, dann die Aufteilung in kleinere Einheiten und schließlich die Bewegung einzelner Figuren geschildert werden, darunter auch die Situation des Soldaten Feinhals, ehedem Architekt, nun der Zeichner der Kompanie — eine Totale verengt sich zu Nahaufnahmen, auf die Wiedergabe kleinerer Ausschnitte. Auch macht der Erzähler selbst auf die Analogie des Erzählens mit der Sichtweise des Films aufmerksam, wobei man diese formale Analogie allerdings nicht allzu eng sehen sollte (*Romane* 1,339).

In diesen Passagen herrscht beim Erzählen die Außenperspektive vor, eine Sichtweise, die an einen Standort gebunden ist und notwendigerweise beschränkt ist. Das heißt, daß der Horizont des Beobachters räumlich und intellektuell begrenzt ist, so daß er in den einzelnen, vor seinen Augen sich abspielenden Geschehnissen keinen verständlichen militärischen oder politischen Sinn erkennen kann. Auch diese Begrenztheit des Horizonts ist den Figuren bewußt, weshalb Feinhals auf der Karte Europas sich einen Überblick über das Kriegsgeschehen zu verschaffen sucht. Insgesamt aber herrscht der Standpunkt des unmittelbaren Erlebens vor, Reflexionen über die politische Lage werden nicht angestellt, nur der ideologische Gegensatz der rassistischen NS-Doktrin zur christlich motivierten Menschlichkeit wird in einer dramatischen Szene kurz besprochen.

Der Roman beschreibt aber nicht nur äußeres Geschehen, die Schilderung des sparsam kommentierenden Erzählers wechselt regelmäßig auch zur Innenperspektive über. Wie die innere Einstellung der Personen aber im wesentlichen zu verstehen ist, wird im Titel des Romans und von den beiden Mottos angegeben. Der Titel leitet sich von dem ersten Motto her, einem Tagebuch-Eintrag Theodor Haeckers vom 31. März 1940: „Eine Weltkatastrophe kann zu manchem dienen. Auch dazu, ein Alibi zu finden vor Gott. Wo warst du, Adam? ‚Ich war im Weltkrieg‘.“ (l.c. 308) Haecker spielt auf die biblische Szene nach dem Sündenfall im Paradies an, wo „der Mann und sein Weib vor dem Angesichte Gottes des Herrn“ sich verstecken: „Gott der Herr aber rief dem Menschen zu und sprach zu ihm: Wo bist du?“ (*Genesis* 3,8f.) Haecker will sagen, daß der Mensch auch im Krieg Gott Rechenschaft schuldig ist für sein Handeln, daß er die Ausnahmesituation des Kriegs, der eine Institution der Gewalt, der Brutalität und des Tötens ist, nicht als Entschuldigung für sein moralisches Versagen anführen kann. Damit ist für den Roman zweierlei gesagt: es geht Böll um die moralische Beurteilung des menschlichen Verhaltens, und die moralische Beurteilung erfolgt nicht auf einer allgemeinmenschlichen, säkularen Grundlage, sondern ist letztlich religiös-christlich begründet.

Das zweite Motto, von Antoine de Saint-Exupéry, besagt: „Aber der Krieg ist kein richtiges Abenteuer, er ist nur Abenteuer-Ersatz. Der Krieg ist eine Krankheit. Wie der Typhus.“ Indem Böll sich diese Einschätzung zu eigen macht, widerspricht er der Auffassung, daß das Kriegserlebnis eine moderne Form des Abenteuers, eine Form der gesteigerten Existenzerfahrung sei, eine Form des Rausches, die jedes andere Rauscherlebnis übertrifft. Der Krieg als ungemein aufregendes Ereignis – diese Sichtweise beherrscht bis heute mehr oder weniger stark fast alle Kriegsfilme. Böll schildert nur wenige periphere Gefechtszenen, meistens beschreibt er den „Stumpfsinn“ der bürokratisch reglementierten Etappe (l.c. 326), das Elend der Verwundeten in den Lazaretten, wo nicht ohne Grund die Hälfte des Romangeschehens sich abspielt, schließlich die Qual des an Darmkolik leidenden Oberleutnants, die ihm bei einer Feindberührung das Leben kostet. Man sieht, daß in Saint-Exupérys Motto der Krieg metaphorisch als eine Krankheit aufgefaßt wird, Böll aber diese Metapher wörtlich nimmt und vor allem Kriegsverwundungen und Krankheiten beschreibt.

Im Rahmen dieses Essays kann ich mich natürlich nicht mit den Mißverständnissen und Fehldeutungen der kaum noch zu überschauenden Sekundärliteratur zu Böll auseinandersetzen. Ich will hier nur auf ein geradezu groteskes Mißverständnis von Bernd Balzer hinweisen, der die Werkausgabe Bölls veranstaltet hat, nach der ich die Romane zitiere. Balzer schreibt in seinem Vorwort: „Die mahnende Frage des Titels zielt auf ‚Bewährung im

Diesseits', auch wenn der Roman sie wegen der ‚Krankheit des Krieges' nicht einzulösen vermag." (l.c. [27]) Auch meint er, daß im zweiten Motto der Krieg „als menschenvernichtende Epidemie, als Schicksal auch, gegen das der Einzelne nichts ausrichtet" betrachtet werde (l.c. [25]). Damit übersieht der Interpret, daß im Roman die Aussage vom Krieg als Krankheit wörtlich genommen wird, und er verkennt die zentrale Intention des Romans, daß es gerade auf die moralische Bewährung jetzt und hier, in diesem Krieg, ankommt und daß diese Bewährung selbst dann oder gerade dann gefordert wäre, wenn man den Krieg als Epidemie oder Schicksalsfügung auffassen würde.

Im genauen Gegensatz zur modernen Abenteuergeschichte, wo der Held auszieht, um sich als Krieger, Pionier, Entdecker, Liebhaber oder Athlet auszuzeichnen, beschreibt der Roman in der Hauptsache aber nichts anderes als die Art und Weise, wie der einzelne Akteur in den wechselnden Situationen des Krieges sich als Mensch, d.h. moralisch bewährt: den Hauptmann, der mutig ist, ohne es zu wissen, und unfähig ist, seine Frau zu betrügen; den ostentativ strammen, aber innerlich feigen Obersten, der nach einer leichten Kopfverletzung eine Geistesstörung simuliert; das unpathetische Heldentum des Arztes, der es für selbstverständlich hält, daß er nach dem Abzug der deutschen Truppe bei den Schwerverletzten zurückbleibt; die Gewissensbisse des autoritär erzogenen Oberleutnants, der ein kleines Schwarzmarktgeschäft tätigt; den Selbstvorwurf Feinhals', der es unterläßt, die Frau und den Vater in Westdeutschland über den Tod ihres Sohnes und Ehemannes aufzuklären; die aufreizend gemütliche Gleichgültigkeit der Soldaten, die die Häftlinge im geschlossenen Möbelwagen zum KZ transportieren. Nicht zuletzt geht es darum, wie die erotischen Beziehungen der Besatzungssoldaten zu den einheimischen Frauen zu bewerten sind.

Den größten Gegensatz zu der Ethik, auf die das Zitat von Haecker sich bezieht, bildet die pervertierte Pflicht-Moral des KZ-Kommandanten, der den Befehl erhält, die verbliebenen Häftlinge umzubringen: „Filskeit tötete nicht gern. Er selbst hatte noch nie getötet, und das war eine seiner Enttäuschungen: er konnte es nicht. [...] Es kam wohl nicht darauf an, daß man die Befehle gern ausführte, sondern daß man ihre Notwendigkeit einsah, sie ehrte und sie ausführte ..." (l.c. 401) Der Obersturmführer Filskeit ist ein überzeugter Rassist und ein passionierter Chorleiter, der aber die liturgischen Gesänge ebenso verabscheut wie das christliche Mitleid, das er für jüdisch hält (l.c. 399). Als nun Ilona, die katholische Jüdin, beim Vorsingen die Allerheiligenlitanei anstimmt, muß er erkennen, daß in ihrer Person genau das verwirklicht ist, was er bei sich selbst immer vergebens gesucht hatte: „Hier war es: Schönheit und Größe und rassische Vollendung, verbunden mit etwas, das ihn vollkommen lähmte: Glauben" (l.c. 407f.). Er verfällt in eine Raserei des Tötens, erschießt Ilona und befiehlt die Ermordung aller Häftlinge.

Es ist zweifellos die ergreifendste Szene, die Böll je geschrieben hat, eine knappe Textseite. Die Episode ist aber nur glaubhaft, weil sie sich im Rahmen der historischen Wahrscheinlichkeit hält. Es ist allgemein bekannt, daß es Gefangenenorchester in KZs gab; Fania Fenélon hat ausführlich darüber berichtet. Wir wissen auch, daß es katholische Juden gab, die Ordensschwestern waren – Ilona hat ein Jahr in einem Kloster verbracht – Edith Stein ist das bekannteste Beispiel. Es war auch kein Geheimnis, daß die Vertreter des NS-Regimes nicht nur rassistische Antisemiten waren, sondern auch unerbittliche Gegner eines unverfälschten Christentums. Daß sich ihr gesteigerter Haß gerade gegen christliche Juden richtete, erscheint nur zu verständlich. In dieser Szene des Romans kommt jedoch noch eine verschwiegene Pointe zum Ausdruck. Man hat oft darüber gerätselt, wie es möglich war, daß einige KZ-Mörder zugleich auch kunstsinnige Musikliebhaber waren. Die Antwort des Romans auf diese Frage lautet: Ein nazistischer Totschläger mag ein Liebhaber klassischer Musik sein, doch kann er unmöglich ein Liebhaber sakraler Musik sein.

Die Episode ist aber vor allem deshalb glaubhaft, weil Böll entschieden darauf verzichtet, die Mordszene im einzelnen auszumalen. Das Kapitel schließt mit den lakonisch dürren Worten: „Draußen fing die Metzelei an". Als genuiner Schriftsteller ist er sich durchaus des Umstands bewußt, daß das äußerste Grauen sich literarisch oder künstlerisch nicht darstellen läßt (cf. Quack 1997, 71ff.). Den Gegenbeweis liefern alle Filme, die grausame Aktionen detailliert abbilden und derart zu kindischen Horrorfilmen werden.

Der Gesang Ilonas vor ihrem Henker erinnert natürlich an die Erzählung von den Karmeliterinnen, die zur Zeit der Schreckensherrschaft in Frankreich, die Hymne *Veni creator* singend, zu ihrer Hinrichtung gehen. Die „Letzte am Schafott" ist eine ehemalige Nonne, die die letzte Strophe des Hymnus singt und deshalb von den fanatischen Weibern „auf dem Fleck" erschlagen wird (Le Fort 1946, 131). Auch hier ist es der religiöse Gesang, der die Ermordung auslöst. Außerdem geht es in beiden Erzählungen um die Überwindung der Angst in der extremsten Situation, die man sich vorstellen kann. Damit will ich nur auf eine thematische Analogie zwischen Bölls Roman und der Erzählung Le Forts hinweisen, auf eine Analogie, die sich jedem unbefangenen Leser aufdrängen muß. Mir geht es keineswegs darum, irgendwelche Quellen von Bölls Roman nachzuweisen, wenngleich es natürlich naheliegt, daß Böll jene Erzählung gekannt hat.

Was den christlichen Aspekt angeht, so finden wir in dem Roman zwei bemerkenswerte Gedanken, die schwer verständlich sind und dringend eine Erklärung verlangen. Feinhals spricht gelegentlich von „den sinnlosen Dingen, die man tun mußte, um Gott eine Chance zu geben, man mußte sie unbedingt tun, und es kam vor, daß sie sinnvoll wurden" (l.c. 376). Er will damit offenbar sagen, daß unter den unkalkulierbaren Umständen des Krieges ein Verhalten, das nach dem Kenntnisstand des Einzelnen sinnlos zu sein scheint, dennoch nötig ist, weil man die geringe Hoffnung nicht ausschließen kann, daß die Dinge sich zum besseren wenden könnten. Gott eine Chance geben, soll demnach also nicht soviel bedeuten wie seine Vorsehung beeinflussen zu wollen. Das rätselhafte Wort soll vielmehr die Diskrepanz zwischen der begrenzten menschlichen Einsicht und dem höheren Wissen zum Ausdruck bringen, das mit der göttlichen Vorsehung verbunden ist.

Der zweite Gedanke in diesem Kontext klingt nach einem Paradox, das sich kaum befriedigend erklären läßt. Es handelt sich um ein Zitat, das Feinhals von Ilona gehört hat und in einer Passage zu verstehen versucht, wo er über den Sinn des Betens nachdenkt: „Wir müssen beten, um Gott zu trösten" (l.c. 444). Man sieht sofort, daß dieser Gedanke der gewöhnlichen Auffassung eklatant widerspricht, beim Beten bitte man um die Erfüllung mehr oder weniger dringlicher Wünsche. Doch was ist mit der paradoxen Formulierung wirklich gemeint?

Ich habe nun nicht die Absicht, den kryptischen Gedanken bis in alle Einzelheiten aufzuhellen; ich möchte nur einen Hinweis geben, der vielleicht geeignet ist, das Paradox sinnvoll aufzulösen. Es dürfte bekannt sein, daß nach der kanonischen Auffassung eine unmittelbare Wirkung des Betens ist, daß der Mensch Trost empfindet. Allerdings gibt es auch den Fall, daß Beten und Andacht Traurigkeit bewirken können, nämlich dann, wenn man die Passion Christi bedenkt. Nach der Auslegung des Thomas ist die Ursache dieser Traurigkeit, streng genommen, aber der *defectus humanus* (der Abfall oder die Sündhaftigkeit des Menschen), der das Leiden Christi nötig machte (S.th. II-II 82,4, ad 1). Nach dieser Deutung trauern wir in dem angenommenen Fall des Betens also eigentlich über uns selbst, es ist unser eigener Zustand, der uns betrübt, und wir Menschen sind es, die des Trostes bedürfen. Ein Gott aber, der des Trostes bedarf oder Objekt des Trostes werden kann, ist ein Wesen, das leidet, und hier liegt es nahe, sich an das Wort von

Pascal zu erinnern: „Jésus sera en agonie jusqu'à la fin du monde: il ne faut pas dormir pendant ce temps-là" (Pascal 1954, 1313). Hält man sich also diese Beschreibung der Agonie Jesu, die bis zum Ende aller Zeiten andauert, vor Augen, so ließe sich die paradoxe Formulierung Ilonas dahin verstehen, daß sie das Gebet als Trost für den leidenden Gottmenschen auffaßt.

Übrigens ergibt sich hier wiederum eine schwache Analogie zur Frömmigkeit der Karmeliterinnen, die Le Fort schildert; nicht ohne Grund war der Schwestername der Hauptfigur „de Jésus au jardin de l'Agonie". Man könnte auch an die Fassung der Geschichte bei Bernanos denken, wo einmal davon die Rede ist, daß man unter schrecklichen Umständen „um Gott besorgt" sein sollte. An anderer Stelle heißt es in gleichem Sinne, daß man „Ihm in der Einsamkeit und der Angst Seiner letzten Nacht beistehn" müsse (Bernanos 1951, 61; 118f.).

Schließlich muß noch ein Punkt genannt werden, der in allen weiteren Romanen Bölls wieder auftaucht und ein Leitmotiv seiner Beschreibungen des christlichen Milieus darstellt: die Kritik an dem moralisch-religiösen Zustand der institutionalisierten Kirche und ihrer Vertreter. Diese Kritik äußert sich in den Worten Feinhals': „Er könne nicht in die Kirche gehen, weil die Gesichter und die Predigten der meisten Priester unerträglich seien" (l.c. 418; cf. 444). Der Vorwurf betrifft nichts anderes als die Unglaubwürdigkeit der Prediger, die den geistigen Idealen, die sie verkünden, selbst nicht gerecht werden. Auf die Frage, wie diese Kritik grundsätzlich zu beurteilen ist, werde ich am Ende dieses Überblicks über einige Romane Bölls zurückkommen.

Wo warst du, Adam? ist ein sehr konzentrierter Roman. Der Erzähler spart vieles aus, was der Leser aus Eigenem ergänzen kann. Die moralischen Konflikte werden meist nur dargestellt, selten auch pointiert besprochen. Die Diktion ist wortkarg, sachlich und nüchtern. Die Personen werden mit wenigen Strichen porträtiert, ihre Lebensgeschichte nur in den wesentlichen Zügen geschildert, um ihren moralischen Charakter verständlich zu machen. Das gleiche gilt von den Gedankenberichten, die knapp, präzis und bündig formuliert sind. Ich halte es für einen großen Vorzug dieses Romans, daß Böll bei der Wiedergabe von Gedanken auf die dubiose Technik der Beschreibung des Bewußtseinsstroms verzichtet hat. Ein weiterer Vorzug ist die außerordentlich dichte Beschreibung der sinnlich-physischen Atmosphäre, die konkrete, anschauliche Vergegenwärtigung der äußeren Realität. Im Hinblick auf die bündige Prägnanz seiner Darstellung übertrifft dieser Roman alle anderen Romane Bölls, die in diesem Punkt gelegentlich weitschweifig und nicht selten allzu gesprächig sind.

Anmerkung zu *Die Letzte am Schafott*

Ich kann hier nicht die Erzählung Le Forts (1876-1971) im einzelnen besprechen, ich möchte nur auf ein Problem dieser Briefnovelle hinweisen. An diesem Beispiel kann man lernen, daß es in der Literatur entscheidend auf die Wahl der richtigen Gattung ankommt, und richtig ist die Wahl, wenn die Gattung dem Thema angemessen ist, wenn also in der Darstellung die Bedeutung des Themas möglichst vollkommenen zum Ausdruck kommt. Das Thema dieser Erzählung ist aber ein Novellenthema, wie es im Buche steht, eine wirklich unerhörte Begebenheit. Nun hatte Le Fort aber den wenig glücklichen Einfall, das hochdramatische Ereignis in Form eines zeitgenössischen Briefes zu erzählen, und so war es zwar nicht zwingend, aber doch naheliegend, daß sie als Sprachstil ein historisierendes, ältlich vornehmes, bisweilen preziös klingendes Deutsch wählte, die Ausdrucksweise eines feinsinnigen Aristokraten aus dem 18. Jahrhundert. Der Eindruck, den dieses künstliche Idiom auf den Leser macht, ist verheerend. Hinzukommt, daß die spezifische Frömmigkeit des Karmel in einer Weise vorgestellt wird, die man nur süßlich nennen kann. Ich bin überzeugt, daß Bernanos auf diese Variante der Frömmigkeit anspielt, wenn er in den *Dialogen der Karmeliterinnen*, seiner Bearbeitung des Stoffes, von dem Ekel spricht, den eine verdorbene Süßspeise hervorruft (Bernanos 1951, 36). Bei ihm erscheint die Frömmigkeit des Karmel dagegen herb und streng, so daß selbst die kindlichen Züge dieser Geistigkeit erträglich wirken.

Zugunsten von Le Fort muß man sagen, daß die Gestalt der jungen Blanche de la Force, die sich dann Schwester von der Todesangst Jesu nennt, eine geniale Erfindung ist, wie sie einem Dichter nur selten gelingt. Das sprachliche Ungeschick der Autorin und ihre Neigung zur symbolischen Ausdeutung des Geschehens verhindern aber, daß diese Figur so zur Geltung kommt, wie sie es verdient hätte.

Bernanos hat dagegen als Form für diese Geschichte die Gattung des Filmdramas gewählt, ein Folge szenischer Bilder, und selbstverständlich konnte er die Personen eines Films nur die Sprache unserer Zeit sprechen lassen – es ist eine gehobene Umgangssprache, die bisweilen absichtlich in die derbe Alltagssprache wechselt. Es liegt nicht nur an der anderen Gattung, der Dramenform, daß seine Geschichte weitaus lebendiger, frischer und eindringlicher wirkt als der Bericht Le Forts, sondern vor allem auch an der unumwundenen, direkten, heutigen Redeweise. Erst bei ihm kann man von einer überzeugenden Aktualisierung der geschichtlichen Begebenheit sprechen. Freilich verdankt sich die Intensität seiner Darstellung auch dem Umstand, daß er, was wiederum an der Dramenform liegen mag, die Reflexionen über Angst und Mut ausgeweitet und gründlich vertieft hat.

Es versteht sich, daß meine Kritik nur auf die *Letzte am Schafott* gemünzt ist, nicht auf das Gesamtwerk von Le Fort, das man im einzelnen genau untersuchen müßte. Allerdings spricht es nicht gerade für die Autorin, daß ihr berühmtestes Werk empfindliche Schwachstellen aufweist, die sich einfach nicht übersehen lassen.

Billard um halbzehn

Bei seinem Erscheinen (1959) hat man die artistische Modernität dieses Romans gerühmt und man kann in der Tat nicht daran zweifeln, daß *Billard um halbzehn* in erzähltechnischer Hinsicht Bölls ambitioniertestes Werk ist. Es weist drei formale Merkmale auf, die mit Recht als spezifische Kennzeichen des modernen Romans gelten: die Form der filmischen Montage, die Technik des Bewußtseinsstroms in der Gedankenschilderung des inneren Monologs und die reflektierte Kunst der Zeitgestaltung.

Die Erzählstruktur des Romans hat man pauschal als „Monolog-Montage" beschrieben (Vogt 1978, 67). Genauer müßte man sagen, daß der Roman eine Komposition von gesprochenen Ich-Erzählungen, stummen Monologen, Dialog-Szenen und Berichten in der Er-Form ist, wobei die Monolog-Form allerdings ein gewisses Übergewicht hat. Zum inneren Monolog wäre zu ergänzen, daß das stumme Selbstgespräch keineswegs eine Erfindung des 20. Jahrhunderts ist, sondern schon von Otto Ludwig als Form der unvermittelten Gedankendarstellung verwendet wurde. Als charakteristische Erzähltechnik des modernen Romans könnte man allenfalls jene Variante des inneren Monologs bezeichnen, der nach dem Modell des assoziativ, mehr oder weniger alogisch und agrammatisch verlaufenden Bewußtseinsstroms angelegt ist, aber gerade diese Form ist höchst problematisch, weil sie auf einer falschen, inzwischen längst überholten psychologischen Auffassung, der Assoziationstheorie des Denkens beruht (Popper 1991, 610; 634f.). Außer Joyce hat denn auch keiner der Großen des modernen Romans, weder Proust noch Döblin, Kafka oder Musil, die Technik des Bewußtseinsstroms übernommen und selbst Joyce verfährt dabei mehr kunstvoll stilisierend als assoziativ in einem strikt realistischen Sinn.

In Bölls Roman sind die meisten stummen Monologe grammatisch geordnete, thematisch kohärente Reden oder Erzählungen, die mit der fragwürdigen Form jener Technik nichts zu tun haben. Böll verwendet diese Redeform mit Maßen lediglich im Selbstgespräch einer angeblich Geisteskranken, wo diese Denkweise einigermaßen plausibel erscheint. Vermutlich ließ er sich hierin von William Faulkner anregen, der in *Schall und Wahn* diese Technik in ähnlicher Absicht anwendet.

Unter filmischer Montage in der Erzählung hat man den Wechsel der Erzählperspektive oder die Zäsur, den Szenenschnitt in der Beschreibung einer Handlung oder eines Vorgangs zu verstehen. Dies ist aber eine genuine Form des Erzählens, die, wie Karl Bühler aufgezeigt hat, schon bei Homer vorkommt (Bühler 1982, 392f.). Jedoch hat der Film, dessen formales Wesen in einer Folge von bildlichen Erzählsequenzen besteht, uns erst richtig bewußt gemacht, daß die Struktur des Erzählens sich aus einer Montage von einzelnen Erzählsequenzen zusammensetzt. Alfred Döblin hat als erster Romancier in seinem *Wallenstein* (1920) die filmische Montage konsequent dazu benutzt, um die Erzählsequenzen mittels signifikanter Wortverbindungen aneinanderzureihen. Er verwendet lautlich-semantische Analogie- und Kontrastmontagen, um zwei Erzählsequenzen miteinander zu verbinden: ein Abschnitt endet mit einem Verb der Ruhe, der nächste Abschnitt beginnt mit einem ähnlich anlautenden Verb der Bewegung, das auf die Perspektive einer anderen Person bezogen ist, u.ä. (Quack 2004, 22ff.). Wolfgang Koeppen hat dann in *Tauben im Gras* (1951) diese Art der Montage aufgegriffen und weiterentwickelt.

Auch in *Billard um halbzehn* wird diese Technik angewandt, zwar nicht so betont und obstinat wie bei Döblin und Koeppen, sie läßt sich aber doch nicht übersehen, wenn man einmal darauf aufmerksam geworden ist. Ich will nur zwei Beispiele für eine Montage anführen, die eine semantische Analogie und einen Kontrast im Hinblick auf die Erzählperspektive enthält. Ein Abschnitt endet damit, daß ein Pensionswirt einem Gast versichert: „Ich werde sie nach oben schicken, keine Sorge". Der folgende Abschnitt beginnt in erlebter Rede aus der Perspektive des Gastes mit den Worten: „Seine Angst war unbegründet gewesen." (*Romane* 3,486) Im zweiten Beispiel erreicht der Kontrast zwischen den Bezugspunkten der semantischen Analogie (umbringen vs. totschlagen) einen Grad, den man nur als grotesk bezeichnen kann: „Schrella? dachte Jochen erschrocken, lebt der denn noch? Den haben sie doch damals umgebracht – oder hatte er einen Sohn? // Dieses Aroma schlug alles tot, was in der Halle in den letzten vierzehn Tagen geraucht worden war" (l.c. 311).

Was es mit der Zeitgestaltung des Romans auf sich hat, ergibt sich zwanglos aus der Beschreibung seiner Konzeption und seines zentralen Themas. *Billard um halbzehn* ist ein symbolisch angelegter Familienroman.

Erzählt wird die Geschichte eines Kölner Architekten, der die Abtei Sankt Anton erbaut, seines Sohnes, eines Statikers, der die Abtei drei Tage vor Kriegsende in die Luft sprengt, und des Enkels, der die Abtei wiederaufbaut. Der Vater steht repräsentativ für die späte Epoche des Wilhelminismus, die Jugendgeschichte des Sohnes fällt in die Zeit des Dritten Reiches, der Enkel repräsentiert die junge Generation des Wiederaufbaus. Auch die Handlungen und Verhaltensweisen der Personen sind symbolisch angelegt, es sind Zeichen, mit denen die Akteure etwas zu verstehen geben, was über die pragmatische Bedeutung der Handlungen hinausgeht. Man hat die „umständliche Symbolkonstruktion" des Werkes gelegentlich getadelt (Zitat bei Vogt 1978, 68), dabei aber übersehen, daß dieser Vorwurf wiederum nur dann plausibel erscheint, wenn man die Konventionen des psychologischen Romans zugrundelegt. Die auffällige Symbolstruktur des Romans deutet aber gerade daraufhin, daß wir hier keinen psychologischen Roman im üblichen Sinn vor uns haben, und im Text wird denn auch die psychologische Deutung der signifikanten Handlungen der Personen ausdrücklich zurückgewiesen.

Billard um halbzehn beschreibt keinen Generationenkonflikt. Das Motiv Robert Fähmels, die Abtei zu sprengen, geht nicht auf einen „Vaterkomplex" zurück (l.c. 430), die Sprengung symbolisiert vielmehr seine Rache für die vergessenen Opfer des nazistischen Terrors, sie soll ein „Denkmal aus Staub und Trümmern" sein, ein kirchenkritisch zu verstehendes „Denkmal für die Lämmer, die niemand geweidet hatte" (l.c. 427f.), ein Zeichen dafür, daß ihm ein Menschenleben, das Lächeln seiner getöteten Frau, wichtiger ist als alle Kulturdenkmäler, deren Zerstörung von den Kunstsinnigen beklagt wird. Auch daß sich die Frau des Vaters 1942 in die „innere Emigration" einer Heilanstalt zurückgezogen hat (l.c. 422), ist symbolisch zu verstehen als Protest gegen das Unrecht ihrer Zeit, und das Attentat, das sie am Ende des Romans auf einen Minister verübt, ist ein symbolischer Protest gegen die in der Nachkriegszeit unterlassene politisch-moralische Abrechnung mit den handelnden Personen der Hitlerzeit, die heute wieder in Amt und Würde sind. Dazu bemerkt Georg Lukács mit einigem Recht: „Der ‚sinnlose' Schuß einer Verrückten, mit dem *Billard um halbzehn* endet, ist eine der wenigen menschlich echten Bewältigungen der faschistischen Vergangenheit in Deutschland, gerade weil in diesem Bewältigungsversuch auch die Vorgeschichte und die Nachgeschichte Hitlers mitgemeint ist." (Lukács 1973, 255)

Der Roman ist ein Protest gegen die Vergeßlichkeit der bundesrepublikanischen Gesellschaft. Sein Hauptthema ist die unterlassene Trauer, die Böll ein Jahrzehnt vor dem Buch über *Die Unfähigkeit zu trauern* (1967) von A. und

M. Mitscherlich als signifikanten geistigen Mangel seiner Zeitgenossen aufgedeckt hat. Für Böll ist trauern zu können ein Wesensmerkmal seines Menschenbildes. „Was ist ein Mensch ohne Trauer" lautet die Klage, die aus der Perspektive verschiedener Personen geäußert wird und wie ein Refrain den ganzen Roman durchzieht (l.c. 509 u.ö.). Selbst die touristische Attraktion der römischen Kindergräber, die auch heute, nach Jahrhunderten, noch zu Trauer anregen kann, zeigt in diesem Zusammenhang ihren besonderen Sinn. Trauer ist für Böll eine existentielle Kategorie, die eine innere Einstellung beschreibt, die normativ, nämlich moralisch zu verstehen ist. Die Art der Trauer, um die es hier geht, ist eine Form des Mitleids nach dem als Leitmotiv immer wiederkehrenden Wort Hölderlins: „Mitleidend bleibt das ewige Herz doch fest" (l.c. 340).

Hier kommt nun auch das Problem der Zeitauffassung ins Spiel, von dem man seinerzeit angenommen hat, Böll verfolge damit eine ähnliche Absicht wie Robbe-Grillet im *nouveau roman* (Horst 1972, 67f.). Doch trifft dieser Vergleich nur insofern zu, als auch Böll die Zeit zum Thema seiner Reflexion macht. Er hat aber ein anderes Ziel im Auge als Alain Robbe-Grillet oder Michel Butor. Horst hat richtig gesehen, daß der *nouveau roman* ein Gegenmodell zum psychologischen Roman ist. Robbe-Grillet sucht nach einer Erzählform, in der die zeitliche Ordnung aufgehoben ist. Bei Böll wird die Gegenwartshandlung, die etwa zwölf Stunden dauert, mit genauen Zeitangaben chronologisch erzählt, während die relevanten Ereignisse der Vergangenheit von den Protagonisten von Fall zu Fall in Erinnerung gerufen werden – und zwar derart, daß sich der Verlauf der historischen Zeit mit prägnanten Daten genau und zuverlässig rekonstruieren läßt. Böll geht es dabei nicht um die Frage, die Butor in *L'emploi du temps* (1956) erörtert, wie es im erinnernden Erzählen möglich ist, die erlebte Zeit planmäßig in Gänze zu rekonstruieren – der Plan ist natürlich zum Scheitern verurteilt. Wenn Bölls Protagonisten nicht an die Gegenwart denken können, ohne sich an die Vergangenheit zu erinnern, dann deshalb, weil sie einer angeblich tröstlichen konventionellen Zeitauffassung entschieden widersprechen. Sie wollen sich angesichts des Unrechts der jüngsten Vergangenheit nicht damit abfinden, daß „die Zeit versöhne" (l.c. 524). So ist auch zu verstehen, daß in den anderthalb Vormittagsstunden des Billardsspiels die aktuelle Zeit gleichsam sistiert ist, um die Vergangenheit in der Erinnerung zu ihrem Recht kommen zu lassen.

Das zweite Hauptthema des Romans kommt in der Metaphorik von den Büffeln und Lämmern zum Ausdruck. Mit diesem charakteristischen Gegensatz bezeichnet Böll zwei typische Menschengruppen, ohne freilich zu beanspruchen, mit diesem Gegensatz alle Menschentypen beschrieben zu haben. Mit den Büffeln sind die Tatmenschen, die Gewaltliebhaber, Schlägertypen oder Militaristen gemeint, als deren Prototyp, wohl wegen seiner Physiognomie, Hindenburg namhaft gemacht wird. Es sind jene Menschen, die „Geschichte machen" (l.c. 416). Mit den Lämmern sind die Objekte der Geschichte, die Opfer der Gewalt gemeint, die dem „Adel der Wehrlosigkeit" verpflichtet sind (l.c. 483). Der Ausdruck leitet sich von dem „Lamm Gottes" aus der Meß-Liturgie her, einem Ausdruck, der an das Osterlamm erinnert; das Lamm wurde aber wegen seiner Unschuld als *figura* für Christus, als seine bildliche Verkörperung gewählt (*S. th.* III, 73, 6). Diese Parallele wird vielfach nachgezeichnet, so etwa in dem Passus, wo die Schläge mit der Stacheldrahtpeitsche, die Robert erhält, mit der Geißelung Christi verglichen werden (l.c. 336 u. 341).

Die Gedanken der Protagonisten bewegen sich wie selbstverständlich im Horizont christlicher Vorstellungen. So verwundert es nicht, daß ihre Erlebnisse sie bisweilen an der Geltung der christlichen Ideale zweifeln lassen. Denn die halbwüchsigen Zeitgenossen, die Büffel genannt werden und einen wehrlosen Jungen regelmäßig verprügeln und als Lamm Gottes beschimpfen, sind selber Christen in einem konventionellen Sinn (l.c. 343). Ähnliches gilt für die Priester und Mönche, die im Dritten Reich ihr Hirtenamt vernachlässigen. Erwähnt werden auch „die düsteren Verfehlungen heuchlerischer Priester, deren Augenzeuge ich wurde: ärmliche Verführungen gefallener Mädchen" (l.c. 380). Grundsätzlich wird der Gegensatz zwischen den Forderungen der Bergpredigt und dem realen Verhalten der Amtskirche beklagt (l.c. 527).

Böll hat später die Einteilung, die in der Metaphorik der Büffel und Lämmer zum Ausdruck kommt, zurückgenommen, weil sie zu undifferenziert sei und das Problem der politischen Macht nicht angemessen beschreibe: „Es gibt ja auch Menschen, die Macht bekommen oder Macht zu erlangen versuchen, um damit etwas Gutes zu tun" (*Interviews* 1,546). Diese Überlegung erinnert an einen Gedanken, den Theodor Haecker im Dritten Reich, in der Zeit des größten Machtmißbrauchs, mit Nachdruck verteidigt hat. Er schreibt nämlich, wenn die Macht an sich böse wäre, ließe sich kein Staat oder kein politisches Handeln ethisch oder im christlichen Sinn rechtfertigen (Haecker 1965, 68f.). Wie dem aber sei, im Kontext des Romans ist die Opposition von Büffeln und Lämmern durchaus verständlich, insofern man nur die begrenzte Geltung dieses Gegensatzes berücksichtigt.

70

Höchst fragwürdig ist dagegen die Redeweise von dem *Sakrament* des Büffels und des Lammes, einem Sakrament, das als Speise aufgefaßt wird. Klar wird nur, daß das Sakrament des Lammes in Analogie zum Altarsakrament metaphorisch zu verstehen ist. Unbegründet bleibt aber, warum die religiöse Kategorie des Sakramentes metaphorisch gebraucht wird, um den geistigen Charakter oder die moralische Einstellung der so genannten Büffel zu bezeichnen. Mit dem christlichen Sprachgebrauch hat diese Redeweise nichts zu tun, sie ließe sich allenfalls in Analogie zur Schwarzen Messe verstehen; für diese Deutung gibt es im Roman aber weder eine expliziten noch einen impliziten Hinweis. Hätte Böll das Sakrament hier nicht ausdrücklich als Speise verstanden, könnte man die Redeweise damit rechtfertigen, daß *sacramentum* ursprünglich auch Eid oder Schwur bedeutet hat, auf welche Bedeutungsnuance auch Thomas noch aufmerksam macht; die Menschen der Gewalt hätten nach dieser Deutung also auf die Fahne des Büffels geschworen, was einen vernünftigen Sinn ergäbe. Doch läßt der Sprachgebrauch des Romans diese Interpretation nicht zu. So muß man festhalten, daß die mehr oder weniger erbauliche Wortwahl des Sakraments der entscheidende thematische Fehler in der Konzeption des Romans ist.

Abschließend brauche ich wohl nicht hinzuzufügen, daß die Orte des Geschehens, ein Schlagballspiel, ein Architekturwettbewerb, die Usancen eines Kellners, eines Hotelportiers oder der Rheinschiffer mit jener Meisterschaft eines Autors dargestellt werden, der weiß, daß beim zeitkritischen Erzählen alles auf die „Treue im Detail" ankommt (l.c. 488).

Ansichten eines Clowns

Die *Ansichten eines Clowns* (1963) sind wohl Bölls populärstes Werk, ein flüssig im Ton der mündlichen Unterhaltung geschriebener, leicht zugänglicher Roman, in dem ein Ich-Erzähler die Ereignisse von seinem Standpunkt aus schildert, alles in allem in seinen Grenzen, von denen noch die Rede sein wird, ein erzählerisches Bravourstück. Die Gegenwartshandlung dauert ungefähr drei Stunden, und die Zeit, in der man die Beschreibung dieser Handlung, Schniers Ankunft in Bonn, seine Telephongespräche, seine Begegnungen und seine Erinnerungen lesen kann, dauert ungefähr genau so lang. Die *Ansichten eines Clowns* sind eine Liebesgeschichte, die Klage über den Verlust der Geliebten an die Kirche, auch ein Künstlerroman, denn die an Kleist erinnernden Reflexionen über den Komiker sind Reflexionen über das Selbstverständnis des Künstlers, und nicht zuletzt ist das Buch ein Gesellschaftsroman, der Spott des Clowns trifft die Klasse der Reichen, für die

Geld ein abstrakter Wert ist, über den man nicht spricht, und vor allem richtet sich der Zorn des Helden gegen den deutschen Katholizismus, der mit seinen Verbänden und intellektuellen Gesprächskreisen Politik und Gesellschaft der Bonner Republik zu beeinflussen sucht – und ihm, wie er glaubt, seine Frau weggenommen hat.

Offen bleibt allerdings, warum und wem Hans Schnier seine Geschichte erzählt. Am besten begründet ist die Annahme, daß es sich um einen Monolog im engen Sinn handelt. Schnier zieht für sich die Bilanz seines Lebens, er macht sich selbst seine Situation klar, so daß man bisweilen den Eindruck hat, er schreibe sich selbst den Nachruf. Unbestreitbar ist jedoch, daß seine Erzählung Rollenprosa ist und daß man seine Ansichten nicht ohne weiteres mit den Ansichten Bölls gleichsetzen darf.

Ich kann hier nicht alle Themen des Romans besprechen, sondern wiederum nur die Aspekte, die den Gegenstand dieses Essays betreffen. Böll greift hier drei Motive seiner früheren Romane wieder auf: das Motiv der Trauer, das Problem von Ehe und Liebe, das hier mit der Idee des Sakramentes verbunden ist. Schniers Melancholie ist nicht nur eine naturgegebene, charakterliche Anlage, seine Trauer hat konkrete Gründe, sie bezieht sich auf den sinnlosen Tod seiner Schwester in den letzten Kriegstagen und ist mit der Empörung über den Fanatismus der ehemaligen Nazis vermischt, die heute wieder im Geschäft, in Amt und Würde sind.

Schnier wurde als Protestant in einem katholischen Internat erzogen, er kennt sich also in der katholischen Glaubens- und Sittenlehre aus und er übernimmt deren Deutungsmuster, um seine Beziehung zu Marie zu erklären. Er verweist darauf, daß nach katholischer Auffassung das Sakrament der Ehe nur dann gültig sei, wenn die Ehe von den Eheleuten vollzogen worden sei, und behauptet dann, daß die intensiv gelebte Beziehung zwischen ihm und Marie, moralisch betrachtet, den gleichen Wert habe wie eine Ehe oder als Ehe zu betrachten sei. Daraus folgert er, daß Maries kirchlich eingegangene Ehe mit einem anderen Mann als Ehebruch anzusehen sei (*Romane* 4,136f.). Seine Beziehung zu Marie ist deshalb zerbrochen, weil er, der Prototyp des existentialistischen Anarchisten, der sich als glaubenslos bezeichnet, einer Verschriftlichung und Verrechtlichung der Liebesbeziehung, eines radikal existentiellen Verhaltens, unmöglich zustimmen konnte. Auch gibt Schnier einen Gedanken Bölls fast wörtlich wieder, wenn er erklärt, daß es keine sexuelle Beziehung zwischen Mann und Frau gebe, die nur ein körperlicher Vorgang sei (l.c. 167).

Mag seine religiöse Deutung der Liebesbeziehung auch recht eigensinnig sein, es dürfte aber doch klar geworden sein, daß im Kontext der Romandiskussionen der Begriff des Sakramentes im eigentlichen Sinn gebraucht wird und nicht metaphorisch oder feuilletonistisch wie in *Billard um halbzehn*.

Wenn ein kundiger Gesprächspartner erklärt, „geschickt formulierte Subjektivität [sei] noch lange nicht Theologie", so kann man diese Kritik an einer rein existentialistischen Auffassung religiöser Dinge auch auf den Standpunkt des Clowns anwenden (l.c. 118). Der gleiche Dialogpartner zitiert ein Wort des Paulus, das Böll als Motto dem Roman vorangesetzt hat: „Die werden es sehen, denen von ihm noch nichts verkündet ward, und die verstehen, die noch nichts vernommen haben" (l.c. 220 cf. *Röm* 15,21). Im näheren Kontext besagt das Wort, daß der ungläubige Clown manches verstanden hat, was im Sinne des Christentums richtig ist, und als Motto des Romans soll das Wort bedeuten, daß auch Außenstehende manches erkennen können, was nach christlicher Auffassung von existentieller Bedeutung ist.

Dies dürfte sich vor allem auf die Kritik des kirchlichen Milieus beziehen, auf die Kritik des Clowns an den „pfäffischen Heuchlern", feinsinnigen Schöngeistern unter den Kirchenleuten, die privat eine andere Meinung vertreten als in ihren geistreich gepflegten Predigten, die als gesellschaftliche Ereignisse wahrgenommen werden (l.c. 217, 150). Schniers Haltung schwankt in dieser Hinsicht zwischen der schärfsten Ablehnung einer triumphierenden Kirche und der Sympathie für eine Religion, die dem Augenschein nach zum Absterben verurteilt ist: „Sie hüten ihre Schätze – die Sakramente, den Papst – wie Geizhälse. Außerdem sind sie die eingebildetste Menschengruppe, die ich kenne. Sie bilden sich auf alles was ein: auf das, was stark an ihrer Kirche, auf das, was schwach an ihr ist, und sie erwarten von jedem, den sie für halbwegs intelligent halten, daß er bald konvertiert" (l.c. 169). Dann bekennt er anläßlich eines Kirchenbesuchs: „Die Kirche war auf eine wohltuende Weise leer: nur sieben oder acht Menschen, und ich hatte einige Male das Gefühl, dazuzugehören zu dieser stillen, traurigen Versammlung von Hinterbliebenen einer Sache, die in ihrer Ohnmacht großartig wirkte" (l.c. 191). Es versteht sich, daß seine Sympathie auch einem Kaplan gehört, der sein Amt zugunsten einer Freundin aufgibt. Das gleiche Motiv begegnet uns in *Fürsorgliche Belagerung* wieder; in *Gruppenbild mit Dame* ist es eine Nonne, die ihren Orden verläßt, um sich mit einem Mann zu verbinden.

Zu dieser Kritik wäre zu sagen, daß von einem hochfahrenden Selbstbewußtsein der erwähnten Art auf seiten des organisierten Katholizismus heute nicht mehr die Rede sein kann. In der Berliner Republik haben die christlichen Verbände – teils durch eigene Schuld, durch Anpassung an den Zeitgeist, teils durch die fortschreitende Säkularisierung der Gesellschaft – jeden nennenswerten politischen Einfluß eingebüßt. Auch wird man in diesen Kreisen heute kaum noch jene feinsinnige Intellektualität antreffen, die damals den Spott des Clowns erregte. Heute dürfte eher die zweite Beobachtung Schniers die Situation der Kirche richtig beschreiben.

Die *Ansichten eines Clowns* sind eine larmoyante, weinerliche Komödie in Romanform ohne Happy-End. Wie es sich für einen Roman dieses Typs gehört, haben wir es mit einem witzigen Text zu tun, der geistreiche Wortwechsel, schlagfertige Repliken enthält und einen ausgeprägten Sinn für Situationskomik verrät. Allerdings scheint Böll das, was die Gattungsbezeichnung sagt, ein wenig zu wörtlich genommen zu haben. Denn in dem Roman wird entsetzlich viel geweint. Zwar ist die Absicht des Autors offensichtlich, ihm geht es darum, unmartialische Männer darzustellen, doch übertreibt er sein Anliegen über ein erträgliches Maß hinaus. Daß der komische Held die *Lauretanische Litanei* und das *Tantum ergo* – ein Loblied auf das Sakrament, für ihn das Bekenntnis, daß er seine Verbindung mit Marie als Sakrament betrachtet – gern in der Badewanne singt, wird der christliche Leser kaum als *parodia sacra* empfinden, sondern einfach als geschmacklos; der religiös indifferente Leser wird darin kaum mehr eine bedauerliche Albernheit sehen können. Das Buch erzählt eine anrührende, eher herbe als romantische Liebesgeschichte, die uns ein wenig altmodisch vorkommt. Sie bestätigt die alte Erfahrung, daß kein literarisches Produkt so vergänglich ist wie eine Liebesgeschichte, und sie belegt wiederum, daß Böll kein psychologischer, sondern ein moralischer Schriftsteller ist.

Schließlich wäre noch ein Wort zu Bölls Selbstinterpretation zu sagen. Er beschwert sich darüber, daß kein Kritiker erkannt habe, daß er die Handlung des Romans nach dem mythologischen Muster des Labyrinths angelegt habe: „Theseus im Labyrinth, Ariadne schneidet den Faden ab und da sitzt er da. Und das Labyrinth [...] ist der politische deutsche Katholizismus." (*Interviews* 1,159) Ist dieser Vorwurf gegen die Leser, die das mythologische Muster nicht erkannt haben, wirklich berechtigt? Nun, wer gewußt hat, daß Böll damals eine Zeitschrift namens *Labyrinth* herausgab, hätte die Frage stellen können, ob der Clown sich in einer labyrinthischen Lage befindet. Im Roman selbst ist aber weder implizit noch explizit ein Hinweis auf das mythologische Modell zu finden, und man wird kaum sagen können, daß man die Geschichte Schniers besser verstanden hat, wenn man sie als Variante der mythologischen Geschichte deutet. Mit anderen Worten, die mythologische

Anspielung trägt nichts Wesentliches zur Bedeutung des Romans bei und sie ist auch mit der folgenden Erklärung Schniers über Marie unvereinbar: „Ihre Pfadfinderworte: ‚Ich muß den Weg gehen, den ich gehen muß‘, waren vielleicht wie die Abschiedslosung einer Urchristin zu verstehen, die sich den Raubtieren vorwerfen läßt" (l.c. 149). Wohlgemerkt, dies ist eine polemische Deutung des Clowns, aber keineswegs der Ausdruck des Selbstverständnisses Maries. Wie dem aber sei, die angedeutete Situation der urchristlichen Märtyrer hat nichts mit jenem mythologischen Muster zu tun.

Dagegen dürfte Böll Wirkung und Qualität seines Buches an gleicher Stelle durchaus richtig beschrieben haben: „Ich glaube, daß dieses Buch für sehr viele Katholiken eine große Bedeutung gehabt hat, politisch, gesellschaftspolitisch, bewußtseinsmäßig, seine Schwächen vorausgesetzt, die es tatsächlich hat; nicht nur seine gelegentliche Sentimentalität, sondern die Konstruktion ist schwach." Dabei dürfte er gewiß nicht an die mythologische Anlage gedacht haben, von der er bedauert, daß sie nicht erkannt wurde. Wenn er damit aber die Erzählsituation meint, die bis zuletzt unklar bleibt, kann ich ihm nur beipflichten.

Gruppenbild mit Dame

Gruppenbild mit Dame (1971) ist ein Roman der Recherche. Ein Erzähler, der sich „Verf." nennt und von sich in der dritten Person spricht, stellt Ermittlungen über eine gewisse Leni Pfeifer an, die zum Zeitpunkt der Erzählung 48 Jahre alt ist und in ihrer näheren Umgebung wegen ihres unangepaßten Verhaltens verfemt ist. Er ermittelt, um ihre Lebensgeschichte zu schreiben. Dies ist aber nur möglich, indem er auch die Geschichten derer schreibt, die mit Leni in irgendeiner Weise verbunden waren. Es sind die Zeugen, die er bei seiner Recherche befragt. Wie man leicht erkennen kann, verwendet Böll hier das bekannte Erzählmuster der Detektivgeschichte (*Interviews* 1,170). Der Detektivroman ist die Verschränkung zweier Geschichten: der Geschichte des Verbrechens und der Geschichte der Aufdeckung oder der Erklärung des Verbrechens (cf. Quack 2000, 24). Das Besondere der Erzählsituation bei Böll besteht darin, daß der nachforschende Erzähler von sich nicht, wie in analogen Detektivromanen üblich, in der Ich-Form, sondern in der Er-Form schreibt. Er ist aber kein neutraler Erzähler, der von außen die narrative Welt beschreibt, sondern gehört wie der Detektiv der Kriminalromane als ermittelnde und zuletzt auch als handelnde Person zur Welt dieses Romans. Er ist selbst in die Geschichte Lenis verstrickt, so wie auch die Geschichten der Zeugen mit der Geschichte Lenis verbunden sind und zur Aufklärung ihrer Situation beitragen. *Gruppenbild mit Dame* ist eine Kombination miteinander verknüpfter Lebensbeschreibungen im Horizont der geschilderten Zeitgeschichte, ein Roman, den man als mustergültigen Beleg für die These Schapps betrachten kann, daß jeder Mensch in eine Geschichte verstrickt ist und daß man einen Menschen nur kennenlernt über seine Geschichte, die wiederum notwendig mit einem Kranz von vielen Fremdgeschichten umgeben ist (Schapp 1976, 103).

Es gibt einen berühmten Film, der das Erzählverfahren der Recherche höchst wirkungsvoll in Szene gesetzt hat: *Citizen Kane* (1941) von Orson Welles. Hier ist es ein Reporter, der Dokumente einsieht und Zeitzeugen befragt, um hinter das Geheimnis des Lebens von Kane zu kommen, der zu Zeiten einer der einflußreichsten Zeitungsverleger Amerikas war. Das Motiv der Recherche ist das Interesse der Öffentlichkeit, die wissen möchte, was für ein Mensch Kane war, der die Öffentlichkeit über Jahrzehnte gelenkt und geformt hatte. Aus den Einzelgeschichten der Weggefährten Kanes formt sich schließlich das Bild eines extrem von sich eingenommenen Mannes, der am Ende dem nachtrauert, was er unwiederbringlich verloren hat, das Glück seiner Kindheit, das durch sein letztes Wort, „Rosebud", symbolisiert wird, den Namen seines Schlittens, den er als Junge zurücklassen mußte, als er zur Erziehung in die Stadt gebracht wurde. Die Pointe des Films besteht darin, daß der recherchierende Reporter von einem weiteren Erzähler, der Kamera, beschrieben oder beobachtet wird, so daß der Zuschauer in der Kombination der Rückblenden Zusammenhänge erkennen kann, die dem Reporter verborgen bleiben, so auch die Bedeutung von „Rosebud". Dies ist nur möglich, weil die filmischen Rückblenden visuell mehr zeigen, als die mündlichen Erzählungen der Zeitzeugen beschreiben. Wenn der Reporter zuletzt erklärt: „Ich glaube nicht, daß ein Wort ein ganzes Leben erklären kann", hat er natürlich recht, er übersieht aber, daß mit diesem Wort hier eine Geschichte verbunden ist, die er nicht kennt.

Ein weiteres Beispiel kann ebenfalls durch Kontrast zeigen, worauf Böll mit seiner Erzählweise hinauswill, der Roman *Spiel des Zufalls* (1913) von Joseph Conrad. In diesem Roman der Recherche tritt ein Ich-Erzähler auf, der wiedergibt, was er selbst und was vor allem sein Freund Marlow über das Schicksal von Kapitän Anthony und seiner Frau erfahren haben. Hier ist es Marlow, dem daran gelegen ist, die Geschichte dieses Paares zu erfahren, denn er war einst durch Zufall Zeuge eines Selbstmordversuches der Frau geworden. Sein Motiv und das Motiv des Erzählers ist schlichte menschliche Anteilnahme, die keiner weiteren Rechtfertigung bedarf.

In Bölls Roman hat der „Verfasser" ein Interesse daran, Leni Pfeiffer zu verstehen, weil sie eine außergewöhnliche Frau ist und sich überaus merkwürdig verhält. Aber warum hat Böll einen Erzähler erfunden, der verschiedene Zeugen befragt, um aus ihren Aussagen schließlich die Biographie Lenis zu rekonstruieren? Warum hat er dieses überaus umständliche Erzählverfahren gewählt, statt Lenis Lebensgeschichte als zusammenhängende, chronologisch geordnete Erzählung vorzustellen? Diese Erzählweise hat zum Beispiel Gustave Flaubert gewählt, um in der Erzählung *Un cœur simple* das Leben einer einfachen Frau von schlichter Geistesart und Frömmigkeit ohne jede Ironie wirklichkeitsgetreu darzustellen – ein Meisterstück des objektiven, unpersönlichen Erzählens. Ähnlich hat Georges Simenon das Leben eines Künstlers, eines lauteren Menschen, in dem Roman *Le petit Saint* dargestellt – ohne erzählerische Zwischeninstanz wird die Entwicklung der Hauptfigur, ihre sinnlich-anschauliche, rein kontemplative Welterfahrung aus deren Perspektive dargestellt. Der Romantitel weist darauf hin, daß für Simenon nur ein Mensch, der die Welt und das menschliche Handeln als mitfühlender, am Leben teilnehmender Beobachter, gänzlich unvoreingenommen, unbeeinflußt von gesellschaftlichen, politischen, ideologischen Vorurteilen, wahrnimmt, ein großer Künstler sein kann. Man sieht, daß für Simenon die wahrhaft künstlerische Einstellung sich von der ästhetischen Distanz im üblichen Sinn wesentlich unterscheidet.

In *Gruppenbild mit Dame* hat das umständliche Erzählverfahren die Wirkung, daß die Figur der Leni in die Ferne gerückt wird, sie wird aus der Perspektive mehrerer Personen von außen, aus mehr oder weniger großem Abstand betrachtet. Diese distanzierende Wirkung der Erzählform ist dem Wesen Lenis durchaus angemessen. Denn sie stellt nichts anderes vor als eine moderne Legendenfigur, die nur aus der Distanz halbwegs glaubwürdig erscheint. Ihr außergewöhnlicher Charakter wird nicht aus den sozialen Bedingungen ihrer Lebensgeschichte erklärt, wie man aufgrund der sachlichen Berichterstattung erwarten könnte. Die unwahrscheinliche Eigenart Lenis wird durch den Roman nicht in ihrer Entwicklung verständlich gemacht. Mit all seinen Berichten sagt der Roman nur, daß sie so ist, wie sie ist; er verfährt ikonographisch. Der Roman erzählt im Stil einer dokumentarischen Biographie eine moderne Legende.

Der erzählende Verfasser bevorzugt den sachlich referierenden Redestil des Historikers. In dieser Hinsicht strebt Böll durchweg höchste Glaubwürdigkeit an; er erreicht sie, indem er auf Genauigkeit im Detail größten Wert legt, so etwa in der Schilderung der Zustände einer Friedhofsgärtnerei im

Krieg, in den Angaben über die Essensrationen in einem deutschen Gefangenenlager u.ä. Auch kommt es dem Verfasser auf die sinngenaue Wiedergabe der Zeugenaussagen an, die er gelegentlich zusammenfaßt, ohne jedoch den individuellen Redestil der Personen, ihre charakteristische Ausdrucksweise, ihre bisweilen komische Wortwahl oder die Gesprächshaltung der Zeugen anzutasten. Nicht wenige Romanpersonen verdanken ihre Lebendigkeit nur der Unmittelbarkeit ihrer individuellen Rede. Übrigens hat Böll auch hier aus seiner Verachtung psychologischer Erklärungen kein Hehl gemacht. Das als Dokument einfügte Gutachten eines Psychologen über den Sohn Lenis ist reinste Persiflage. Das Urteil des Experten lautet: „Normalitätsverweigerung bei normaler Veranlagung" (*Romane* 5,371) – was natürlich eine Anspielung auf die Parole Herbert Marcuses von der Großen Verweigerung ist, dem radikalen Widerstand gegen den auf unbeschränktes Wachstum setzenden Kapitalismus. Das Theorem war damals in Kreisen der Neuen Linken weit verbreitet.

Gruppenbild mit Dame ist nicht nur die Lebensbeschreibung einer modernen Legendenfigur, sondern vor allem ein Roman über die deutsche Sozialgeschichte zwischen 1900 und 1970, und der literarische Wert des Romans besteht darin, daß die Lebensbedingungen und das politisch-moralische Verhaltens einer kleinen Menschengruppe während dieser Katastrophenzeit Deutschlands überaus anschaulich dargestellt werden. Er ist ein historisches Panorama oder, um ein Prädikat des Verfassers aufzugreifen, ein „sittengeschichtliches" Panorama (l.c. 228), die handelnden Figuren sind erfunden, die gesellschaftlichen Verhältnisse und die politisch-militärischen Ereignisse entsprechen jedoch den Tatsachen. Das Buch enthält, was die Nachkriegsliteratur angeht, die beklemmendste Schilderung eines Bombenangriffs auf eine Großstadt, gesehen aus der Perspektive der betroffenen Stadtbewohner. Ich halte es nicht für einen Zufall, daß Böll die Schilderung der Kriegserfahrungen am besten gelungen ist.

Aus dem Gesagten versteht es sich fast von selbst, daß in dem Roman der Modus der historischen Zeit, deren Skala durch die politisch-militärischen Ereignisse gegliedert ist, die Erzählung beherrscht. Selbst die subjektive Zeiterfahrung, das ungeduldige Warten auf das Kriegsende, die Furcht vor drohender Änderung der persönlichen Situation, ist auf den Verlauf der historischen Zeit bezogen.

Dagegen fällt das Porträt Lenis letztlich enttäuschend aus. Man kann es nicht anders sagen, als daß diese Legendenfigur eine durch und durch konstruierte, über die Maßen idealisierte Figur ist, wenngleich in ihrer Beschreibung einige ironische Tupfer nicht fehlen. Sie soll ein völlig argloser, unschuldiger Mensch sein, „ein Genie der Sinnlichkeit" mit mystischen Zügen (l.c. 35), mit einem Eigensinn begabt, der sich durch nichts beirren läßt. Doch wird ihre Arglosigkeit gelegentlich bis zu dem Punkt getrieben, wo sie in unglaubwürdige Ahnungslosigkeit umschlägt. So soll sie, um ein Beispiel für viele anzuführen, mitten im Dritten Reich nicht gewußt haben, was ein Jude oder eine Jüdin ist, obwohl sie mit Schwester Rahel, einer konvertierten, im Kloster versteckt lebenden Jüdin engsten Umgang hatte (l.c. 99). Klar wird lediglich, daß diese Lebensgeschichte die Auffassung Bölls belegen soll, daß die historische Situation, in der ein Mensch lebt, gegenüber seinem grundsätzlichen Verhalten in moralisch oder existentiell bedeutsamen Situationen sekundär ist. Leni verhält sich in den Jahren der Wohlstands-Demokratie nicht anders als in den bedrängten Jahren des Kriegs. Damals war es ein russischer Kriegsgefangener, dem sie sich zuwendet, jetzt ist es ein türkischer Gastarbeiter, mit dem sie sich verbindet.

Zum religiösen Aspekt des Romans wäre im einzelnen zu sagen, daß die Hauptperson eine christlich geprägte Heiligenfigur ist, die außerhalb der institutionellen Kirche lebt. Aufschlußreich ist der Grund, warum sie sich von der kirchlichen Praxis trennt. Sie ist von der materiellen Gestalt der Hostie, die bei der Kommunion als Speise gereicht wird, maßlos enttäuscht: „Was war das für ein Brot, das man ihr gab, als sie die Erste Heilige Kommunion empfing (die letzte kirchliche Handlung, an der sie teilnahm), und wo, wo verflucht noch einmal blieb der Wein?" (l.c. 36). Ironisch fügt der Verfasser hinzu, daß der Religionslehrer ihr bescheinigt, unfähig zu sein, „Sakramente zu begreifen". Wenn sie dann immer darauf besteht, zum Frühstück frische Brötchen zu essen, die für sie „wichtiger [seien] als für andere Leute irgendwelche Sakramente" (l.c. 25, cf. 366), daß sie also das Frühstück als eine Art Kommunion auffaßt, dann zeigt dies, daß sie im Gegenteil sehr wohl einen entscheidenden Punkt des Sakraments richtig verstanden hat. Ihre Einstellung und ihr Verhalten in dieser Hinsicht ist keineswegs ein nebensächliches Thema des Romans, vielmehr ist Lenis Persönlichkeit auf dieses Thema hin angelegt, sie ist als Person so konzipiert, daß sie fähig ist, den Sinn des Sakraments zu erfassen. Böll hat ihren geistigen Charakter als „Genie der Sinnlichkeit", das einen Wissensstoff nur dann begreifen kann, wenn er eine „sinnliche Dimension" hat (l.c. 30), nur deshalb konzipiert, um auf den wesentlichen Sinn des Sakraments aufmerksam zu machen, nämlich den natürlichen Zeichencharakter des Sakraments.

Mit dieser Auffassung steht Böll in der anerkannten Tradition der christlichen Lehre. Bei Thomas von Aquin heißt es kategorisch: „Oportet in sacramentis significationem servari (Die Zeichenhaftigkeit der Sakramente muß gewahrt werden)" (Zitat bei Pieper 1954, 304). Pieper erklärt in diesem Aufsatz über „Symbol und Attrappe", einem Aufsatz, der helfen kann, die Intention unseres Romans zu verstehen, daß die seit langem „gebräuchliche Gestalt der heiligen Hostie zwar keineswegs die Realität des Altarsakramentes beeinträchtige, daß aber die Gestalt wirklichen Brotes das eucharistische Geschehnis sichtbarer und ausdrücklicher zur Darstellung bringen würde und darum ‚mehr zu loben' wäre." (l.c. 310) Thomas selbst hat darauf hingewiesen, daß der Vorzug der christlichen Sakramente gerade darin besteht, daß die dafür notwendigen Dinge „entweder allgemein verfügbar sind oder mit geringer Mühe beschafft werden können" (*S. th.* III, 60, 5, ad 3). Lenis hat also durchaus den richtigen Instinkt, wenn sie gegen das unzulängliche natürliche Zeichen der Eucharistie protestiert.

Übrigens läßt sich noch für ein anderes Motiv des Romans eine Parallele bei Thomas finden. Böll widmet den menschlichen Ausscheidungen eine satirisch übertriebene Aufmerksamkeit, um den nicht nur in christlichen Kreisen verbreiteten leibfeindlichen Puritanismus als unnatürliche Einstellung zu entlarven. In seinem Traktat über die Sakramente erklärt Thomas, daß die Sakramente zur Gattung des Zeichens gehören. Um plausibel zu machen, daß es verschiedene Modi des Zeichengebrauchs gibt, verweist er mit größter Unbefangenheit auf das Beispiel des gesunden Urins und des gesunden Lebewesens, wo das Prädikat ‚gesund' in verschiedener Weise verwendet wird (*S. th.* III, 60, 1).

Böll hat, was diesen Punkt angeht, seine Intention als den Versuch bezeichnet, „in den Materialismus oder in die Materialität des menschlichen Lebens eine neue Dimension zu bringen, die Sakralität des Materiellen zu erklären" (*Interviews* 1,173). Er meint also, daß die Grundgegebenheiten des menschlichen Lebens, etwa essen und lieben, von Natur aus eine sakrale Qualität haben. Man erkennt aber unschwer, daß er zu diesem Gedanken von der Lehre der Sakramente angeregt wurde: Brot, Wein und Öl haben von Natur aus eine zeichenhafte Qualität, aufgrund derer sie geeignet sind, Bestandteil eines Sakramentes, eines Heiligungsmittels, zu werden.

Wie fast jeder Roman enthält auch *Gruppenbild mit Dame* einige Späße, die Böll so sehr liebt. Er macht sich über die zeitgenössische Kirche lustig, die sich davor fürchtet, daß auch heute noch von Heiligen richtige Wunder gewirkt werden, und er sieht für eine sympathische Nonne das Happy-End vor, daß sie ihren Orden verläßt und eine Verbindung mit dem Verfasser eingeht. Auch dies ist eine Art Kirchenkritik.

Schließlich sei noch angemerkt, daß Bölls Idee, eine Friedhofsgärtnerei als Ort halbwegs menschlichen Zusammenlebens in der Zeit der NS-Diktatur zu wählen, ein Einfall war, der der historischen Situation entspricht. Victor Klemperer schildert in seinem Tagebuch vom 12.9.1942 ein ähnliches „Refugium" in Dresden.

Fürsorgliche Belagerung

Der Erzähler der *Fürsorgliche Belagerung* (1979) bevorzugt die gewöhnliche Umgangssprache, seine Redeweise ist rheinisch gefärbt, er vermeidet, wo immer er kann, die gehobene Bildungssprache, und wenn seine Personen in ihren Reflexionen auf moralische oder kulturelle Erscheinungen zu sprechen kommen, die sich umgangssprachlich nicht formulieren lassen, bleibt ihre Ausdrucksweise ungeschickt und dilettantisch, was kein Mangel, sondern Absicht des Erzählers ist.

Es kennzeichnet den Roman, daß er überwiegend aus Erzählung, der Beschreibung von Ereignissen und Erinnerungen besteht und nur zum geringsten Teil aus Dialogszenen, der wörtlichen Wiedergabe von Gesprächen. Andererseits verwendet der Erzähler in seinen Schilderungen durchweg einen ungezwungenen Gesprächston, der oft genug in leichtes Plaudern übergeht.

Die *Fürsorgliche Belagerung* ist ein multiperspektivischer Roman. Die Ereignisse und Erlebnisse werden aus der Sicht der einzelnen Personen dargestellt. Er besteht aber nicht aus einer Folge von Monologen oder Ich-Erzählungen wie *Billard um halbzehn*, vielmehr ist es der Erzähler, der die Erlebnisse der Personen aus ihrer Perspektive wiedergibt. Böll hat die Form der erlebten Rede zur beherrschenden Figur der Darstellung in diesem Roman gemacht, und er hat das perspektivische Erzählen, ohne Seitenblick auf den Leser, strikt durchgeführt.

Daraus erklärt sich auch, warum die Personen kaum durch ihre körperliche Gestalt charakterisiert werden, sondern fast nur durch ihren Eigennamen. Denn die Personen wissen ja, wie die Leute, von denen sie sprechen, aussehen und wenn sie sich auf andere Personen beziehen, verwenden sie, wie üblich, ihren Namen. Für den Leser werden die Romanpersonen durch ihre persönliche Geschichte, durch ihre intellektuelle, moralisch-religiöse Einstellung charakterisiert, und diese Methode, einen Menschen durch seine innere Physiognomie als unverwechselbares Individuum zu beschreiben, kann durchaus so wirkungsvoll sein wie eine Schilderung des äußeren Aussehens. Böll macht sich nun ein Vergnügen daraus, für seine Personen Namen zu erfinden, die man nicht verwechseln kann: Holzpuke, Blurtmehl, Hendler, Kohlschröder, Roickler, Kortschede u.ä. Daß der Vorname „Holger" damals verdächtig war, dürften heute die wenigsten Leser wissen. Der Vorname erinnert an Holger Meins, einen Terroristen, der durch seinen Hungerstreik bekannt wurde.

Wenn Böll allerdings die Riten des Alltags, die Umstände des häuslichen, familiären Lebens, handgreifliche Gegenstände und Aktionen beschreibt, bietet er alle Kraft auf, deren er fähig ist, um die Einzelheiten der Vorgänge anschaulich zu vergegenwärtigen.

Bemerkenswert ist schließlich, wie die verschiedenen Modi der Zeit behandelt werden. Die Gegenwartshandlung umfaßt rund drei Tage. Aber zwei Drittel des Textes sind der ausführlichen Schilderung des ersten Tages, der Vorstellung der Personen vorbehalten. Im letzten Drittel des Romans werden die sich überstürzenden Ereignisse nur noch sparsam skizziert. Was die subjektive Zeiterfahrung angeht, so liegt über der gesamten Erzählung eine gespannte Erwartung: die Aufmerksamkeit ist in die nächste Zukunft gerichtet, man ist sich sicher, daß eine Katastrophe kommen wird, ungewiß ist nur der genaue Augenblick der Katastrophe. Dem entspricht die Zeiterfahrung des verschwiegenen Liebespaares: es kann nicht warten, es leidet unter Zeitmangel, es führt seinen Entschluß, sich aus den bisherigen Verhältnis zu lösen, gleichsam auf der Stelle aus. Übrigens kennt Böll nicht die Bedenken feinsinniger Erzähler, die vor der Schilderung handfester Actionszenen zurückschrecken.

Von allen Romanen Bölls wurde die *Fürsorgliche Belagerung* am gründlichsten mißverstanden. Namhafte Rezensenten zeigten sich nicht einmal in der Lage, den Sinn der Diktion, den spezifischen Erzählstil und das eigentliche Thema, die Ironie des Romans zu erfassen, geschweige denn richtig zu beurteilen, und selbst Literaturkritiker, die die Erzählweise zutreffend beschrieben und das Thema erkannt hatten, haben doch nicht gesehen, worauf Böll mit diesem höchst aktuellen, die Sensation der Zeit aus nächster Nähe schildernden Roman eigentlich hinauswill. Doch möchte ich hier nicht die betrübliche Rezeption des Romans nachzeichnen, obwohl man aus ihr manches über die damalige Literaturszene lernen könnte (cf. Heißenbüttel 1980, 157ff.), sondern in aller Kürze die Intention des Werkes beschreiben und fragen, ob es, aus dem Abstand von gut drei Jahrzehnten gesehen, uns auch heute noch etwas zu sagen hat. Ist die *Fürsorgliche Belagerung* ein typisches

Erzeugnis der späten siebziger Jahre, dessen Wirkung mit seinem Erscheinen erschöpft ist, oder besitzt es – was ein wahres Kunstwerk auszeichnet – eine Bedeutung, die die Jahre der unmittelbaren Aktualität überdauert hat?

Zunächst muß man schlicht feststellen, daß die *Fürsorgliche Belagerung* kein Schlüsselroman ist, wie man damals angenommen hatte. Der Zeitungsverleger Fritz Tolm, der zum Verbandspräsidenten gewählt wird und deshalb besonders scharf bewacht werden muß, ist nicht das Porträt einer zeitgenössischen Person, sondern eine Figur, die Böll erfunden hat, um an ihr und ihrer Umgebung zu zeigen, was die faktische Situation aus den Menschen macht und wie sie mit den Beschränkungen der Lage fertig werden. Die Personen, die in dieser Situation leben, sind zwar erfunden, nicht aber die Bedingungen dieser Umstände. Böll beschreibt vielmehr eindringlich die öffentliche Atmosphäre der siebziger Jahre, die jugendlichen Protestbewegungen der Zeit, den militanten Antikapitalismus einiger Terrorgruppen, den zivilen Widerstand derer, die gegen das ungehemmte Wachstum und den unersättlichen Energiehunger des ökonomischen Systems opponieren – der Abbau der Braunkohle, der ganze Ortschaften verschlingt, die einmal für viele Menschen Heimat waren, ist dafür ein drastisches Symbol. Böll schildert die psychischen und sozialen Folgen des törichten Radikalenerlasses, der nichts anderes als ein Berufsverbot war, und er skizziert die Anfänge der ökologischen Bewegung.

Der Roman ist ein eindringliches Zeitgemälde, das die öffentliche Stimmung, die gesellschaftliche Wirklichkeit durchweg getreu wiedergibt. In dieser Hinsicht ist dem Roman mit dem Abstand der Jahre ein unschätzbarer historischer Wert zugewachsen. Doch ist damit noch nicht der thematische Kern des Romans berührt. Was Böll letztlich interessiert, ist vielmehr die Frage, was die strengen, nahezu totalen Maßnahmen der Bewachung und Überwachung den betroffenen Menschen antun. Seine Antwort besagt, daß diese Maßnahmen die fundamentalen Bedingungen der menschlichen Existenz, des persönlichen Lebens, und die engsten Beziehungen der Menschen untereinander zu zerstören drohen. Dies ist dar Grund, warum das Stichwort der Angst formelhaft wiederholt wird, denn alle Personen haben Anlaß, über diese wesentliche Befindlichkeit des Menschseins nachzudenken. Die Frage, wie das Wesen des Menschen tangiert wird, stellt Böll nicht nur angesichts des Bewachungskomplexes, sondern auch im Hinblick auf andere Phänomene der Zeit: die terroristischen Gruppenbildungen, die durch einen pervertierten, mythischen Begriff der Treue zusammengehalten werden; die Pornowelle, die die intime Beziehung zu unterminieren droht; den Niedergang der Kirche, der viele Menschen im Innersten verunsichert. Diese Erscheinungen sind mit dem Stichwort „Chaos und Auflösung" gemeint, das ebenfalls formelhaft wiederholt wird.

Bezeichnend für den human gesinnten Romancier ist nun, daß es seinen Hauptfiguren gelingt, trotz der widrigsten Umstände eine intakte Menschlichkeit zu bewahren. Sie schaffen in ihrem engsten Kreis eine Atmosphäre der Solidarität, die sie die Bewachungsmaßnahmen nicht nur ertragen, sondern auch überlisten läßt. Die Tochter Holms geht unter strengster Observation eine Liebesbeziehung ein, die dem Leiter des Sicherungsteams verborgen bleibt. Diese freundschaftliche Atmosphäre ist auch als Gegengewicht gedacht zur allgemeinen Auflösung gesellschaftlicher und kultureller Normen und Traditionen, als Widerspruch zu den Parolen der Nettigkeit in der Reklame.

Bölls Intention wird vollends klar, wenn man erkennt, daß sein Zeitroman dem fiktiven Geschichtsroman Bergengruens in existentieller Hinsicht durchaus gleicht. So wie unter der Herrschaft des Großtyrannen das Mißtrauen, das alles öffentliche Leben durchdringt, das Fundament des Menschseins untergräbt, so droht die totale Bewachung eines Menschen seine elementare Lebensbedingung zu zerstören. In beiden Romanen geht es um die Möglichkeit, in einer extrem gefährlichen Lage den Kern der Humanität zu bewahren. Es geht darum, wie man sich bei hochgradig eingeschränkter äußerer Freiheit die innere Freiheit erhalten kann, oder, mit anderen Worten, es geht darum, sich von der faktisch gegebenen Situation nicht total beherrschen zu lassen, sondern in gewissem Sinn über die Situation Herr zu werden.

Was das Thema dieses Essays angeht, so interessiert uns natürlich besonders, daß in diesem Roman die Kirchenkritik Bölls ihren Höhepunkt und ihren Abschluß erreicht. Es ist ein zutiefst melancholisches Fazit, denn Böll beschreibt auf seine Art nichts anderes als eine „sterbende Kirche". Sprechendes Symbol dafür ist die Schilderung einer Kirche, in der das ewige Licht erloschen ist (Böll 1982, 171). Einige Personen des Romans nehmen „Abschied" von der Kirche (l.c. 19), sie empfinden „Trauer und Ekel" angesichts der Heuchelei von Geistlichen in Fragen der Sexualmoral (l.c. 23). Andere haben „Angst vor dem Wechsel", sie fürchten die Folgen des Traditionsbruchs, das Ende einer religiösen Kultur, das die offizielle Kirche damals vollzogen hat (l.c. 171). Selbst einen Beobachter, der diese Vorgänge von außen betrachtet, überkommt „eine ihm unerklärliche Trauer" und ihm kommt das kirchenkritische Argument in den Sinn: „Sie nahmen den Menschen etwas und gaben ihnen nichts dafür" (l.c. 208). Dieses Resümee beschreibt natürlich nicht nur die Abkehr von einer ehrwürdigen Liturgie zugunsten einer ins Banale tendierenden Reform, sondern den selbstverschuldeten Niedergang, den umfassenden Verlust der moralischen und geistigen Glaubwürdigkeit der Kirche insgesamt (l.c. 123). Im Unterschied zu Schaper, der, wie erwähnt, am Ende noch einen Hoffnungsschimmer andeutet, ist in Bölls Roman im Hinblick auf die institutionalisierte Kirche kaum ein Zeichen von Hoffnung, sondern überwiegend ratlose Trauer zu finden.

Wenn der Roman in diesem Punkt auch keine rechte Zuversicht kennt und wenn die Hauptpersonen auch alle auf ihre Weise Trauer empfinden – denn Trauer ist in Bölls Weltbild ein Wesensmerkmal des integren Menschen (l.c. 91) –, so endet diese Erzählung doch nicht in Resignation. Schließlich besteht sein Fazit in einem Lob der Humanität, die zwar bedrängt, aber doch nicht ganz unterdrückt werden kann. Dem entspricht ein verstecktes Zitat von Léon Bloy, das seinerzeit nicht erkannt, sondern vielfach falsch verstanden wurde. Auf die Frage: „Was an dieser merkwürdigen Welt erstaunt Sie am meisten?" antwortet Tolms Masseur: „Am meisten überrascht mich die Geduld der Armen" (l.c. 92; Bloy 1953, 261). In diesem Sinne, im Sinn einer christlichen Humanität wie bei Bernanos, der ebenfalls von Bloy beeinflußt ist, und keineswegs im Sinn der marxistischen Gesellschaftskritik, ist auch Tolms letztes Wort zu verstehen, „daß ein Sozialismus kommen muß, siegen muß …" (Böll 1982, 288; cf. Quack 1991, 145).

Trotz seiner zeitdiagnostischen und medienkritischen Einsichten, trotz seines humanen Gehalts wird man den Roman aber nicht als rundum geglückt bezeichnen können. Es ist zu offensichtlich, daß dem Erzähler gegen Ende der Atem ausgegangen ist. Vor allem aber ist es Böll nicht gelungen, den Gegensatz von authentischer Liebe und konventioneller Ehe, ein Standardmotiv seines Werkes, ein weiteres Mal glaubwürdig darzustellen. In den *Ansichten eines Clowns* konnte er durchaus plausibel machen, daß vom Standpunkt dieser Figur eine authentische Liebesbeziehung von größerem moralischem Wert ist als eine eheliche Verbindung. In der *Fürsorgliche Belagerung* müssen sich aber zwei Menschen von tiefem religiösem Ernst mit diesem Dilemma auseinandersetzen; doch hat Böll nicht gezeigt oder nicht zu zeigen vermocht, wie diese Personen mit sich und ihrer Lage ins Reine kommen.

Fazit

Nach der ausführlichen Besprechung der wichtigsten Romane Bölls kann ich mich nun kurz fassen. Über die gesellschaftskritische Bedeutung dieser Werke brauche ich kein weiteres Wort zu verlieren und, was den christlichen Aspekt angeht, der uns hier vor allem interessiert, möchte ich nur drei Punkte noch einmal unterstreichen, auf die es Böll in der Hauptsache ankommt.

(1) Wie wir gesehen haben, stellt Döblin in seinem Hamlet-Roman die moralisch, nicht politisch gemeinte Frage, wer am Krieg schuld ist. Böll stellt in *Wo warst du, Adam?* die Frage nach dem schuldhaften Verhalten des Einzelnen im Krieg. Es ist eine programmatische Frage, die, wie die späteren Romane belegen, in gleicher Weise für die Zeit nach dem Krieg gilt, und umgekehrt wird in den Romanen über den Nachkrieg immer auch gefragt, wie die Personen sich im Krieg, der überdies vom Dritten Reich geführt wurde, verhalten haben. Die biblische Titelfrage deutet unmißverständlich darauf hin, daß die moralische Frage in einem christlichen Sinn zu verstehen oder auf eine christlich begründete Moralauffassung bezogen ist. Diese Ethik widerspricht eklatant der pervertierten Pflicht-Ethik der NS-Anhänger.

Böll vertritt in seinem Werk keine säkulare Ethik des menschlichen Verhaltens, was nicht ausschließt, daß seine Darstellung der größeren und kleineren moralischen Konflikte, die für diesen Krieg symptomatisch sind, auch so verstanden werden kann, als beurteile er sie nach den Idealen einer allgemeinen Menschlichkeit. In der Tat dürfte der Anklang, den seine Romane beim großen Publikum gefunden haben, darauf beruhen, daß man annahm, sein Werk orientiere sich an den Vorstellungen richtigen menschlichen Verhaltens, die man für selbstverständlich hielt. In Wirklichkeit aber leiten sich diese unreflektiert übernommenen Vorstellungen aus der traditionellen, d.h. christlichen Ethik her.

Der religiöse Gehalt des ersten Romans, den ich besprochen habe, wird in dem merkwürdigen Gedanken explizit ausgesprochen, der Sinn des Betens bestehe darin, Gott zu trösten. Dieses Paradox wird im Text nicht aufgeklärt, es dient als Anstoß, über die Sache weiter nachzudenken. Klar wird nur, daß mit dieser Idee eine besondere Form des Mitleids gemeint ist. Eine andere Form des Mitleids ist die Trauer oder die Fähigkeit zu trauern, die Böll für eine anthropologische Konstante hält, ein Wesensmerkmal seines Menschenbildes, das er in den wechselnden Situationen seiner Romane mit aller erzählerischen Genauigkeit expliziert, deren er fähig ist, zuerst in *Billard um halbzehn*, zuletzt in der *Fürsorglichen Belagerung*.

Hier kommt in der Schilderung auch ein zweites Merkmal seines Menschenbildes zum Ausdruck: die Bedrohung des menschlichen Daseins durch die totale Kontrolle seines Verhaltens. Positiv gewendet, besagt dieser Gedanke, daß der einzelne Mensch seine innere Freiheit, seine Würde und persönliche Autonomie nur bewahren kann, wenn ihm ein gewisses Maß an äußerer, d.h. politischer Freiheit garantiert ist. Soviel zu der politischen Implikation des Menschenbildes von Böll, die man gelegentlich nicht hat wahrhaben wollen.

(2) Nichts kennzeichnet die geistige Atmosphäre der Romane von Böll so sehr wie die schlichte Tatsache, daß im Mittelpunkt seines religiösen Denkens die Idee des Sakramentes steht. Während er diese Idee in *Billard um halbzehn* eher feuilletonistisch behandelt, stellt er ihren wahren Sinn in den *Ansichten eines Clowns* und im *Gruppenbild mit Dame* durchaus verständlich und plausibel dar. Dieser Gedanke liegt auch seiner Auffassung zugrunde, daß den natürlichen Dingen und nicht zuletzt der leiblichen Sphäre des Menschen in gewisser Weise eine sakrale Bedeutung zukommt. Das gleiche Motiv bestimmt auch seine Behauptung, die er vielfach abwandelt, daß es keine rein physische Liebesbeziehung zwischen Mann und Frau gibt, daß vielmehr jede körperliche Beziehung dieser Art eine geistige oder übersinnliche Dimension hat.

Die unbefangene Sicht des menschlichen Leibes und die Wertschätzung der natürlichen Dinge, die dem menschlichen Leben und zugleich der religiösen Verehrung dienen, geht zweifellos auf den christlichen Realismus zurück, der sich im Laufe der Jahrhunderte aus der Betrachtung der Passion Christi gebildet und in den Künsten des Mittelalters einen Höhepunkt erreicht hat. Erich Auerbach hat in seinem Standardwerk, *Mimesis, Dargestellte Wirklichkeit in der abendländischen Literatur* (1946), nachgewiesen, daß der christliche Realismus auch im modernen Realismus seine Spuren hinterlassen hat, so etwa unbestreitbar bei Tolstoi und Dostojewski. Bölls Werk ist ein weiterer Beleg für die Nachwirkung jener Tradition.

Schließlich ergibt sich aus den beiden genannten Punkten von selbst, daß auch das von ihm vielfach beschworene und gelegentlich auch nachgezeichnete Ideal menschlicher Solidarität, wie bei Bernanos, nicht marxistischen, sondern christlichen Ursprungs ist.

(3) Reinhold Schneider und Edzard Schaper waren aufgrund der historischen Forschung und aktuellen politischen Erfahrung zu der Überzeugung gekommen, daß die offizielle Kirche in politischen Angelegenheiten keine Autorität ist. Böll kritisiert mit zunehmender Schärfe, daß die institutionelle Kirche, eine reichbegüterte Organisation, nach dem Krieg in Westdeutschland wieder politischen und sogar im engen parteipolitischen Sinn Einfluß zu gewinnen sucht. Das heißt, sie verfolgt blanke Machtinteressen, was in krassem Widerspruch zu dem von ihm vertretenen Ideal menschlicher Solidarität

steht, das christlichen Ursprungs ist. Zur Sprache kommen auch die sexuellen Verfehlungen einzelner Geistlicher und die jahrzehntelange Vertuschung dieser Verfehlungen seitens der Amtskirche.

Obwohl ich hier nur über das Werk Bölls, nicht über seine Person oder seine Leben urteile, ist eine Bemerkung zu seiner Biographie hier doch angebracht. In einem späten Interview antwortet er auf die Frage, warum er niemals Ministrant gewesen sei: „Merkwürdigerweise, das muß auf Erlebnissen beruht haben, die mein Vater als Junge gehabt hatte, hat er uns geradezu verboten, Ministrant zu werden. Ich fürchte, daß er selber als Ministrant ziemlich düstere Erfahrungen mit Priestern und Küstern und so gehabt hat." (*Interviews* 1,617) Ich habe diesen biographischen Beleg nur angeführt, um zu zeigen, daß Bölls Vorwürfe gegen die Amtskirche nicht nur auf allgemeinen Beobachtungen beruhen, sondern auch auf Erfahrungen in seiner nächsten Nähe.

Doch hat die Kritik des katholischen Milieus, die er in seinen Romanen übt, eine grundsätzliche Bedeutung. Wenn er das sexuelle Fehlverhalten von Geistlichen, die Arroganz schöngeistiger Prälaten, die politische Parteinahme, die historische Schuld und die soziale Blindheit der Amtskirche aufs Korn nimmt, geht es ihm nicht nur darum, eine weitere Art gesellschaftlicher Mißstände seiner Zeit zu beschreiben. Er sieht in diesen Mißständen vielmehr einen Faktor, der die Substanz des Christlichen, das Herz dieser Religion, betrifft.

Um zu verstehen, was damit gemeint ist, sei daran erinnert, daß Karl Rahner für den Glauben des Christen drei große Gefahren namhaft macht: die existentielle Verzweiflung, die aus schweren Verlusterfahrungen hervorgeht; das Problem einer Vielfalt divergierender Weltanschauungen, die die Einzigartigkeit des Christlichen in Frage stellt, und schließlich das Erscheinungsbild der sündigen Kirche (Rahner 1966, 44f.). Das aber heißt nichts anderes, als daß die Kirche selbst, vor allem die amtliche Institution, aber auch die Gemeinde der Christen, der ausschlaggebende Grund dafür sein kann, daß ihre Mitglieder den Glauben verlieren und die Außenstehenden davon abhalten werden, sich für den Glauben zu entscheiden. Die Kirche ist selbst ein elementares Hindernis für den Glauben, den zu verbreiten und zu repräsentieren ihre Aufgabe ist.

Es besteht kein Zweifel, daß Böll in seinen Romanen die katholische Christenheit seiner Zeit und seines Landes im Sinn der Ideale des Christentums kritisiert. Wenn man Rahners grundsätzliche Überlegung in Betracht zieht, muß man aber auch feststellen, daß die Romane Ecos und Sciascias, die die Zustände der christlichen Gesellschaft von einem säkularen Standpunkt aus kritisch beschreiben, auch aus christlicher Sicht höchste Anerkennung verdienen.

Durchaus im Sinne Rahners schreibt Hoimar von Ditfurth, nachdem er den *Namen der Rose* gelesen hatte: „Wenn die Kirche selbst tief in die Irrtümer und Verbrechen der menschlichen Geschichte verstrickt ist, wenn einen die Erinnerung überfällt, daß ihre obersten Repräsentanten es über die Jahrhunderte hinweg für Christenpflicht gehalten haben, Hekatomben von Andersgläubigen mit Feuer und Schwert und Folter zu bekämpfen und notfalls abzuschlachten, dann kann man als religiöser Mensch den Mut verlieren." Dem stellt er jedoch das Erlebnis gegenüber, das ihm „die Bilder des Fra Angelico im Kloster San Marco in Florenz" vermittelten: „Aber als ich da vor den Bildern des florentinischen Dominikanermönches stand, verflog meine Resignation im Nu. Über den Abstand von sechs Jahrhunderten hinweg vermittelten sie mir die Gewißheit, daß es auch damals in einem Meer psychischer Finsternis und alptraumhafter Verirrungen Menschen gegeben hat, die von einem über alle Zweifel erhabenen, wahrhaft religiösen Glauben beseelt waren. Die Ausstrahlung dieser Bilder läßt das geradezu körperlich spürbar werden." (Ditfurth 1990, 388f.). – Ähnliches ließe sich auch von der christlichen Dichtung obersten Ranges sagen.

V. Exkurs über das Problem der religiösen Sprache heute

A. CAMUS

Wenn man sich die neueren Versuche, für religiöse Ideen eine zeitgemäße Sprache zu finden, anschaut, bietet sich dem Betrachter ein Bild, das betrüblicher nicht sein könnte. Man kann sich des Eindrucks nicht erwehren, daß hier durchweg Versagen und vergebliche Anstrengung vorliegen. Von verlorener Liebesmühe wird man aber kaum sprechen können, da von einer Begeisterung für die Sache nur selten etwas zu spüren ist.

Die sogenannte Einheitsübersetzung der Bibel? Ein Dokument der Blindheit gegenüber einer großen sprachlichen Tradition. Der neue römische Katechismus? Ein Kompendium überlieferter Formeln nebst zaghaften, selten gelungenen Ansätzen, sich den Zeitgenossen verständlich zu machen. Hirtenbriefe? Verlautbarungen für die Eingeweihten im konventionellen Jargon der Amtskirche. Predigten? Selten mehr als die Botschaft: Seid nett zueinander, oft genug Anbiederung an den plattesten Zeitgeist. Die Theologen? Während Ansehen und Einfluß des Christentums in der säkularen Gesellschaft gegen Null absinken, reden sie in bestem Soziologendeutsch von irgendwelchen Strukturen und Reformen des kirchlichen Apparats.

Christliche Essays? Eine glatte Fehlanzeige. G.K. Chesterton, Theodor Haecker, Alfred Döblin, Sigismund von Radecki haben keine Nachfolger gefunden. Der Boom der Erbauungsschriften? Eine religiös verbrämte Strömung der Wellness-Bewegung. Ein Pfarrer hat, nach dem Rezept „Bildung für Manager", tatsächlich ein Buch über Spiritualität und Yachtsegeln geschrieben. Einen historischen Tiefpunkt scheint die christliche Kultur schließlich mit der Selbstdarstellung von Fernsehpfarrern und ähnlichen Medienfiguren erreicht zu haben, ein Ärgernis für Gläubige, und für Indifferente und Nichtglaubende ein jämmerlicher Gegenstand der Verachtung und verdienten Spottes. Wenn die Religion in der Talkshow angekommen ist, ist sie an ihrem Ende angekommen: sie hat sich in Geschwätz aufgelöst.

Die Anfänge

Wenn wir uns in einer Krise befinden, schreibt Walter Benjamin, müssen wir die Fundamente unseres Standpunktes besichtigen. Schauen wir also bei Henri de Lubac nach, was er in seiner Geschichte des Glaubensbekenntnisses über die Anfänge einer christlich geprägten Sprache ausführt. Er beschreibt, wie es dem Urchristentum gelungen ist, sich in der hellenistischen Kultur Gehör zu verschaffen. Die christlichen Autoren der ersten Jahrhunderte standen vor der Aufgabe, eine Glaubenslehre, die in ihrer Art einzig war, in den damals verbreiteten Umgangssprachen, Griechisch und Latein, zu formulieren, in Sprachen, die das klassische Stadium hinter sich hatten und zu lässigen Idiomen des breiten Volkes geworden waren. Es ist hinlänglich bekannt, daß den hellenistisch Gebildeten jener Zeit, selbst einem Hieronymus und einem Augustinus, die populäre, grammatisch unbekümmerte Sprache der Bibel zunächst minderwertig, ungeschliffen und barbarisch vorkam (Lubac 1975, 212).

Wichtiger als dieser Umstand, daß das Evangelium in einer populären Sprache aufgezeichnet war, ist jedoch, daß das Urchristentum die vorgefundene Umgangssprache seiner Zeit in Grammatik und Wortschatz umbilden mußte, um sagen zu können, was es sagen wollte. Was das Urchristentum zu sagen hatte, unterschied sich radikal „von den religiösen Vorstellungen der antiken Welt“. Um seine Ideen zum Ausdruck zu verhelfen, folgte es drei Wegen: es griff auf selten vorkommende Wörter zurück, um sie semantisch in seinem spezifisch religiösen Sinn zu definieren; es übernahm Wörter der gewöhnlichsten Art, um sie mit einer christlichen Bedeutung zu versehen und es bildete bei Bedarf neue Wörter: „Das singuläre Phänomen der ‚christlichen Neuheit‘, jäh in den hellenistischen Kulturraum einbrechend, konnte sich nur in einer Anzahl sprachlicher Neubildungen Ausdruck verschaffen, die den raffinierten Stilisten und sogar Durchschnittsgebildeten zunächst als vulgäre Barbarismen und Sprachfehler erscheinen mußten.“ (l.c. 214)

In dem *Griechisch-deutschen Handwörterbuch* (1880) von W. Pape findet sich zum Beispiel der lakonische Eintrag: „*agápê, hê* Liebe NT“. Was heißen soll, daß das Wort bei den heidnischen griechischen Schriftstellern nicht vorkommt und eine spezifisch christliche Bedeutung hat, die, wie man hinzufügen sollte, mit platonischer Liebe nichts zu tun hat. Übrigens taucht dieses Substantiv zuerst in der *Septuaginta* auf (Lubac 1975, 216).

Beispiele für Wörter, die ursprünglich eine rein profane, sogar banale Bedeutung hatten und dann religiös umgewertet wurden, sind *salus* (Wohlbefinden → Heil) und *salutare* (das Heilsame → der Heiland). Statt *felícitas* (Glück, Fruchtbarkeit) wählte man *beatitúdo* (Glückseligkeit), um die christlich gemeinte Sache auszudrücken. Tertullian hat die Allerweltswörter *res* (Ding), *gradus* (Schritt, Stand, Stufe), *corpus* (Körper) übernommen und zu theologischen Termini umgeformt. Das Wort *corpus* verwendete er, um das Wesen der Kirche zu bestimmen, ein Phänomen, für das es damals kein Analogon gab. Ähnlich wurden *natura* und *persona* in einem völlig neuen Sinn umdefiniert. Eine Neuschöpfung, ein echter Christizismus, ist dagegen *compassio* (Mitleid), und bei der „Epiphanie" des Herrn hat man nicht, wie man annehmen könnte, an die wunderbare Erscheinung griechischer Götter zu denken, sondern an die politische Bedeutung des Wortes, an den „feierlichen Einzug hellenistischer Herrscher in ihre Städte" (l.c. 216ff.) Nicht zuletzt hat man, um die Einmaligkeit des christlichen Glaubensbegriffs zu unterstreichen, *crédere in* (glauben an), das vordem floskelhaft und unbetont gebraucht wurde, normativ mit einem eindeutigen Sinn versehen (l.c. 222f.).

An dieser Stelle wäre anzumerken, daß die „Epiphanie" von James Joyce in die moderne Literatur und Literaturtheorie eingeführt wurde (Eco 1977, 329ff.). Unter einer Epiphanie in seinem Sinne hat man einen kurzen Moment der hellsten Erfahrung zu verstehen. Man erkennt sofort, daß Joyce sich bei dieser Bedeutungsfestlegung nicht an dem christlichen Verständnis des Wortes, sondern an der mythologischen Bedeutung der Göttersagen orientiert hat. Eco hat übrigens den entscheidenden Punkt der erwähnten begriffsgeschichtlichen Erklärung übersehen.

Soviel in aller Kürze zu den Anfängen einer christlichen Sprache. Wie sieht die Situation einer religiösen Sprache heute aus? Nachdem das christliche Vokabular festgelegt und durch eine jahrhundertealte Tradition eingebürgt ist, stellt sich die Situation einer religiösen Sprache, die in einer profanen Öffentlichkeit verstanden werden kann, völlig anders dar. Wer nach der Renaissance, nach der Aufklärung, in modernen Zeiten auf zeitgenössisches Vokabular zurückgreift, um christliche Gedanken mitzuteilen, muß immer mit der Gefahr rechnen, daß durch diesen Sprachgebrauch der spezifisch christliche Gehalt verloren geht. Lubacs Fazit lautet: „Die im Evangelium niedergelegte und von der Kirche der ersten Jahrhunderte formulierte Botschaft Christi hat gewisse profane und religiöse Kategorien des heidnischen Altertums (und in manchen Fällen auch jüdische) gesprengt. So wird es immer sein, muß es auch heutzutage sein, im Bezug auf jede andere Ausdrucksweise – und jeder Bestrebung nach reiner ‚Aktualität' zum Trotz. Als ewig neue Botschaft wird sie auch ewig ‚ärgerniserregend' und ‚wunderbar' sein. Somit ist es eine Illusion, etwa ein eucharistisches Gebet zu fordern, das sich ausschließlich in der Sprache ‚des Geläufigen', ‚des Alltags' ausdrücken und nur ‚vertraute Begriffe' verwenden würde." (l.c. 233f.)

Wer also heute versuchen würde, religiöse Texte in rein alltäglicher, gewöhnlicher Rede wiederzugeben, hätte nicht nur die Intention des religiösen

Glaubens verfehlt, sondern auch seine eigene historische Lage verkannt, die sich von der Sprachsituation des frühen Christentums radikal unterscheidet.

Einheitsübersetzung

Damit wären wir bei dem Problem der Einheitsübersetzung der Bibel. Bekanntlich hatte die Bibelübersetzung Luthers, die in der Folge auch für die meisten katholischen Verdeutschungen der Schrift zum Vorbild wurde, die Entwicklung und die Struktur der hochdeutschen Sprache maßgeblich geprägt. Zahlreiche Sprüche, Redewendungen, Bilder und Gleichnisse sind in den allgemeinen Wortschatz des Deutschen übergegangen und Bibelkenntnis war ein selbstverständlicher Bestandteil nicht nur der höheren, sondern gerade auch der allgemeinen Bildung. Mit dieser Tradition hat die sogenannte Einheitsübersetzung vorsätzlich und fahrlässig gebrochen. Nach dem bekannten Verhaltensmuster gedankenloser Reformen haben die Philologen und Exegeten dieser Übersetzung eine große Tradition aufgegeben, ohne etwas Besseres an ihre Stelle setzen zu können. Von allen deutschen Versionen der Bibel, die ich kenne, haben diese Übersetzer das am wenigsten ausgebildete Sprachbewußtsein. Es fehlt ihnen das Sensorium für die Regeln und Nuancen der Stilkunst, der Sinn für den ästhetischen Aspekt der Rede, das Gespür für die Wesensmerkmale literarischer Gattungen, für die atmosphärischen Obertöne der Wörter und für die unaufdringliche Schönheit grammatischer Formen.

Belege für diese Vorwürfe? Man könnte tausend mißglückte Textstellen anführen, ich werde mich mit einem knappen Dutzend begnügen. Die Goldene Regel (Mt 7,12) wird in der Bibel Luthers, nach dem revidierten Text von 1912, mit den Worten wiedergegeben:

> Alles nun, was ihr wollt, daß euch die Leute tun sollen, das tut ihr ihnen auch.

Das ist selbst, was die Wortstellung angeht, eine genaue Wiedergabe der griechischen Vorlage. Luther hat *hoi ánthropoi* (die Menschen) volksnah mit „die Leute" übersetzt; Josef Kürzinger bevorzugt in der Pattloch-Bibel (1962) das vornehmere Wort, lehnt sich aber sonst fast wörtlich an Luthers Version an:

> Alles nun, was ihr wollt, daß euch die Menschen tun, sollt ebenso auch ihr ihnen tun.

Nun der Wortlaut der Einheitsübersetzung:

> Alles, was ihr also von anderen erwartet, das tut auch ihnen!

Das ist keine Übersetzung mehr, sondern eine freie Paraphrase des Originals auf der untersten Stilstufe. Wahrscheinlich haben sich diese Neuerer von der Version der Stuttgarter Kepplerbibel (1936) anregen lassen, die sich aber doch enger an den biblischen Wortlaut hält:

> Alles also, was ihr von den Leuten erwartet, das sollt ihr ihnen ebenso tun.

Die Tendenz der Banalisierung zeigt sich besonders kraß in der sagenhaften Erzählung von den drei Weisen aus dem Morgenland (Mt 2,1ff.):

> Als Jesus zur Zeit des Königs Herodes in Bethlehem in Judäa geboren worden war, kamen Sterndeuter aus dem Osten nach Jerusalem und fragten: Wo ist der neugeborene König der Juden? Wir haben seinen Stern aufgehen sehen und sind gekommen, um ihm zu huldigen. […] Du, Bethlehem im Gebiet von Juda, bist keineswegs die unbedeutendste unter den führenden Städten von Juda; denn aus dir wird ein Fürst hervorgehen …

„Sterndeuter" ist die nüchterne Übertragung von *mágoi*, wozu Pape im Sinne der Sprachtradition des Deutschen bemerkt: „so hießen die Priester und Weisen der Perser, die sich auf Astrologie, Traumdeuterei … verstanden". Auf diesen Sachverhalt verweist auch die Anmerkung der Einheitsbibel zu „Sterndeuter", ohne daß jedoch das einzig treffende Wort „Weise" genannt würde.

Die Verse enthalten im Original drei signifikante Wortwiederholungen, die seit Luther gewöhnlich so wiedergegeben werden:

> Weise aus dem Morgenland / Stern im Morgenland;
> wir sind gekommen, ihn anzubeten / fielen nieder und beteten es an.

Der dritte Parallelismus wird im *Neuen Testament* von Otto Karrer (1959) am treffendsten wiedergegeben:

> Fürstenstädte Judas / denn aus dir soll der Fürst hervorgehen.

Von diesen Parallelismen hat die Einheitsbibel nur die zweite bewahrt, doch fällt die Wortwahl „huldigen" für das genauere und verständlichere „anbeten" aus dem Rahmen des niederen Stils, der diese Verdeutschung beherrscht. „Huldigen" ist ein Wort der gehobenen Sprache, es trifft doch nicht präzis genug den Sinn des griechischen Verbs *proskynein*, das die Form bezeichnet, wie die Perser einem Herrscher ihre Verehrung erwiesen. Diese Form aber wurde von den Griechen als eine Form der religiösen Verehrung, des Anbetens verstanden und deshalb verurteilt. Aus diesem Grund ist es richtig, das griechische Wort für diese Tätigkeit wie von alters her, seit der Vulgata, mit ‚anbeten', *adorare* zu übersetzen. Ungenau ist auch der erste Vers übersetzt, wo abstrakt von „der Zeit" die Rede ist, während im Original von „den Tagen" gesprochen wird. – An anderer Stelle hat die Einheitsübersetzung das griechische *proskynein* übrigens wörtlich mit ‚niederfallen' wiedergegeben (Mt 14,33).

Daß die Wortwiederholung des Originals, die mit „Morgenland" durchaus korrekt verdeutscht ist, hier aufgegeben wurde und statt dessen „aus dem Osten" und „aufgehen" gesetzt wurde, ist ein Armutszeugnis für den sprachlich-literarischen Sinn der Einheitsbibel. Das griechische Wort *anatolē* bedeutet nach Pape: „1. Aufgang der Sonne o. des Mondes, 2. die Gegend des Aufganges, der Morgen"; so heißt denn auch *anatolikós*: „aus dem Morgenland". Das Morgenland ist für uns die persisch-arabische Welt, das Wort erinnert uns heute durchaus zu Recht an die Atmosphäre der *Erzählungen aus Tausendundeine Nacht*, während der Osten ein Prädikat des geographisch-historischen Berichts mit einer starken modernen politischen Konnotation ist und eher an eine Reportage erinnert. Schließlich sei zu diesen Versen noch bemerkt, daß die häufigen Wortwiederholungen ein ziemlich sicheres Zeichen dafür sind, daß der Text auf eine mündlich überlieferte Erzählung zurückgeht.

Der Maßstab, den ich hier anwende, ist eine Übersetzung, die originalgetreu und in einem guten Deutsch geschrieben ist. Deshalb kommt das *Münchener Neue Testament* (MNT) für einen Vergleich nur ausnahmsweise in Betracht, da es nur originalgetreu sein will und auf die angemessene deutsche Sprachform ganz verzichtet. Es ist als Hilfe für Leser gedacht, die kein Griechisch können, aber doch wissen möchten, wie der Wortlaut im Original lautet. Wenn es hier heißt: „Magier von Osten", so ist das zwar eine wörtliche Übersetzung, doch wird dabei übersehen, daß „Magier" für uns heute eine andere Bedeutung hat als das griechische Wort. Übrigens schreibt auch das MNT „huldigen" statt „anbeten".

Wo es früher in der Kepplerbibel korrekt hieß:

Selig sind die Armen im Geiste,

wird in der Einheitsübersetzung nun paraphrasierend verfälscht:

Selig, die arm sind vor Gott (Mt 5,3).

Übrigens spricht auch Joseph Ratzinger in seinem Jesus-Buch von den „Armen im Geist", wie er denn nicht nur häufig von der Einheitsübersetzung abweicht, sondern sie mehrfach wegen ihres ungenauen und irreführenden Wortlauts ausdrücklich so scharf kritisiert, wie er in seiner hervorgehobenen Stellung nur konnte (Ratzinger 2007, 104; cf. 110; 112; 134). Er verzeichnet kopfschüttelnd, daß der Einheitstext das biblische „Erschrekken" (Mt 7,28) durch die modische „Betroffenheit" ersetzt. Auch hat er schon früh auf einen unglaublich groben Schnitzer der Einheitsübersetzung aufmerksam gemacht. Im Stammbaum Jesu heißt es nach der wörtlichen Übersetzung Luthers:

> Abraham zeugte Isaak, Isaak zeugte Jakob. Jakob zeugte Juda und
> seine Brüder.
> Juda zeugte Perez und Serah von der Thamar. (Mt 1,2f.)

Die Einheitsübersetzung umschreibt die natürliche Beziehung zwischen den Generationen in einer Weise, die einer Verfälschung gleichkommt:

> Abraham war der Vater von Isaak, Isaak von Jakob, Jakob von Juda
> und seinen Brüdern.
> Juda war der Vater von Perez und Serach; ihre Mutter war Tamar.

Diese Übersetzung verfälscht deshalb den gemeinten Sachverhalt, weil der schamhaft oder willkürlich gewählte Ausdruck „Vater sein" sowohl eine natürliche als auch eine rechtliche Beziehung bezeichnen kann, im Text es aber gerade auf diesen Unterschied ankommt, der im Original ostentativ betont wird. Denn Joseph war nicht der natürliche, sondern der rechtliche Vater von Jesus (Ratzinger 1982, 14).

Das Salz wird auch nicht mehr „schal" (Kürzinger, Karrer, MNT), sondern es „verliert seinen Geschmack", was zwar korrekt, aber doch weniger prägnant und bündig ist als die eingebürgerten Übersetzungen (Mt 5,13). Eine klassische Stelle (1 Kor 1,23) lautet in der wörtlichen Übersetzung der Pattloch-Bibel:

> Wir aber verkünden Christus, den Gekreuzigten, den Juden ein Är-
> gernis und den Heiden eine Torheit.

In der Einheitsübersetzung wird der Vers derart umständlich verdeutlicht, daß die Prägnanz des originalen Sinns verlorengeht:

> Wir dagegen verkündigen Christus als den Gekreuzigten: für Juden
> ein empörendes Ärgernis, für Heiden eine Torheit.

Das Verb ‚verkündigen' ist umständlicher als ‚verkünden', die verdeutlichende Präposition ‚als' ist schlicht überflüssig, erst recht das Adjektiv ‚empörend', das das Substantiv nicht verstärkt, sondern recht eigentlich abschwächt. Die Übersetzter haben den prekären Wert der Beiwörter, eine Binsenweisheit von Rhetorik und Stilistik, anscheinend nicht erkannt.

Nicht rechtfertigen läßt sich auch, daß ein sprichwörtlich gewordener Vers (1 Kor 13,12) von der Einheitsbibel bis zur Unkenntlichkeit umschrieben wurde:

Jetzt schauen wir in einen Spiegel und sehen nur rätselhafte Umrisse.

Dem Original am nächsten kommt die Variante der Kepplerbibel:

Jetzt sehen wir nur wie durch einen Spiegel in Rätseln

oder der Wortlaut Karrers:

Jetzt sehen wir durch einen Spiegel, rätselhaft.

Annehmbar ist auch die Version des MNT:

Denn wir sehen jetzt durch einen Spiegel im Rätsel.

Vag umschreibend ist die Deutung Kürzingers:

Denn jetzt schauen wir durch einen Spiegel im unklaren Bild.

Der Einheitswortlaut scheint demnach die Vorgaben Kürzingers und Karrers einigermaßen dilettantisch kombiniert zu haben; damit haben sie die kanonische, originalgetreue Formulierung des Sprichworts aufgelöst.

Als weiteres Beispiel einer Nivellierung der Bibelsprache an das flachste Alltagsdeutsch oder die billigste Zeitungssprache sei der folgende Vers (Joh 6,60) zitiert:

Viele seiner Jünger, die ihm zuhörten, sagten: Was er sagt, ist unerträglich.

Luther schreibt dagegen fast wörtlich:

Das ist eine harte Rede; wer kann sie hören?

Karrer hält sich auch in der Wortstellung eng an das Original:

Hart ist diese Rede! Wer kann sie hören?

Das MNT hat die beste und genaueste Verdeutschung:

Hart ist dieses Wort; wer kann es hören?

Der Einheitstext ersetzt ein stark betontes Substantiv (dieses Wort) durch einen lahmen, beiläufigen Nebensatz und eine lebendige sinnliche Metapher (hart) durch eine abgestorbene Metapher (unerträglich).

Ähnlich nivellierend und versimpelnd verfährt die Einheitsausgabe bei einem anderen Vers (1 Kor 15,23), der wiederum in der Pattloch-Bibel originalgetreu und sinngerecht übersetzt wird:

Ein jeder aber in seiner Ordnung: als Erstling Christus, danach die zu Christus Gehörenden bei seiner Ankunft.

Die Einheitsversion lautet:

Es gibt aber eine bestimmte Reihenfolge: Erster ist Christus; dann folgen, wenn Christus kommt, alle, die zu ihm gehören.

Der Satz beginnt mit einer trivial aktualisierenden Wendung, um dann ein substantiviertes Partizip und ein Substantiv in Nebensätze aufzulösen, die den prägnanten Sinn wiederum abschwächen. Besonders fatal ist hier, daß gerade ein Hauptbegriff der christlichen Lehre, die *Parousie* (die Ankunft oder Wiederkunft Christi), durch einen beiläufigen Nebensatz bis zur Unkenntlichkeit paraphrasiert wird.

Genug der Belege für die sprachlich-literarische Unzulänglichkeit der Einheitsübersetzung, die seit Jahrzehnten nun das Wort der Bibel in kirchenamtlichen Verlautbarungen, in Schulbüchern und ähnlichen Texten in verfälschter und banalisierter Form wiedergibt. Um es im Zeitungsjargon dieser Verdeutschung auszudrücken: Was sie sagen, ist unerträglich. Die Einheitsübersetzung ist, wie niemand anderes als Ratzinger festgestellt hat, ungeeignet für eine ernsthafte Bibel-Lektüre.

Daß es heute Bibelausgaben gibt, die noch geistloser und unsensibler gegenüber Sprache und Tradition verfahren als die Einheitsübersetzung, braucht uns hier nicht zu kümmern. Bemerkenswert ist aber doch, daß diese aktualitätsbewußten Dolmetscher der Schrift nicht begriffen haben, daß sie auf dem falschen Weg sind. Alle ihre Versuche, ihre Sprache dem allerneuesten, modischsten Umgangsdeutsch anzupassen, sind ohne Erfolg geblieben. Sie haben die Bibelkenntnis in unserer Zeit gewiß nicht gefördert.

Nun dürfte klar geworden sein, daß sich die Sprachsituation der frühen Christen radikal von der Sprachsituation der aktualisierenden Übersetzer heute unterscheidet. Die ersten Christen fanden eine populäre Sprache vor; sie übernahmen diese Sprache, deuteten sie aber in einem spezifisch christlichen Sinne um und bereicherten sie durch neue Wörter mit christlichem Gehalt. Die modernen Übersetzer der Einheitsbibel und ihre Genossen übernehmen die populäre Sprache unserer Tage, ohne den spezifisch christlichen Sinn der tradierten Sprache in das jetztzeitliche Idiom retten zu können. Das sprachliche Ergebnis ist katastrophal und der Erfolg verheerend. Statt den Zeitgenossen die Bibel näherzubringen, fördern sie die Abwendung von dieser Tradition, die sie selbst größtenteils aufgegeben haben.

Katechismus

Zum römischen Katechismus wäre anzumerken, daß es ein Nachschlagewerk dieser Art geben muß, in dem die Lehre der katholischen Kirche in authentischer Form schwarz auf weiß aufgeschrieben ist. Es ist auch nichts dagegen einzuwenden, daß es sich dabei größtenteils um eine Sammlung von Zitaten tradierter Lehrsätze und Lehrmeinungen handelt. Begrüßen muß man auch, daß der Versuch gemacht wurde, die alten Wahrheiten so zu kommentieren, daß ihr Sinn heute verstanden werden kann. Enttäuschend ist jedoch, daß diese an sich lobenswerten Versuche oft genug mißglückt sind.

So heißt es etwa, der Mensch sei „gottfähig" (*Katechismus* 2003, 47), was eine Wortbildung ist, die der eingebürgerten Sprachnorm widerspricht, ein Neologismus, der nichts erklärt, sondern selbst erklärt werden muß. Vielleicht soll die Formulierung eine Übersetzung von *capax Dei* sein – in diesem Fall wäre es aber eine falsche Übersetzung, denn *capax Dei* heißt „empfänglich für Gott".

Besonders fatal scheint mir, daß einer der Grundbegriffe des Christlichen nur mangelhaft erklärt wird. Wer nicht schon weiß, was ein Sakrament ist, wird mit den Ausführungen des Katechismus wenig anfangen können. Er findet hier weder eine gute Worterklärung noch eine genaue Begriffsbestimmung.

Dann ist von den Sakramenten der „Initiation" die Rede (l.c. 340), ohne daß dieser Begriff erklärt würde. Auch das häufig erwähnte „Pascha" wird nicht wortgeschichtlich erklärt, was anzeigt, daß das Werk ein Glossar dringend nötig hätte. ‚Initiation' ist ein ethnologischer Fachterminus, der im Zuge der ethnologischen Mode während der siebziger Jahre in den öffentlichen Sprachgebrauch, in Psychologie und Soziologie, eingedrungen ist. Mit dem Begriff ist die rituelle Einführung in eine Gruppe der archaischen Stammesgesellschaft gemeint, deren Lebensform von einem mythischen Weltbild geprägt ist. Dieser Begriff und ebenso das affirmativ übernommene Wort von der „Schicksalsgemeinschaft" (l.c. 298) haben eine unübersehbare mythische Konnotation, die das christliche Weltbild in die Nähe des mythischen Denkens rückt, während doch die frühchristlichen Autoren und gleichfalls die modernen Autoren, etwa Rahner oder Guardini, allen Scharfsinn aufboten, um die christliche Offenbarung von mythischen Vorstellungen abzuheben.

Identität ist ein Begriff, der heute in mindestens drei Bedeutungen verwendet wird. In der Logik ist Identität ein Synonym für Gleichheit, in sozialpsychologischer Hinsicht kann das Begriffswort die numerische oder die qualitative Eigenart eines Individuums bezeichnen. Wenn man das Wort ohne nähere Bestimmung verwendet, bedient man sich des modischen Psychojargons, der nicht weiß, wovon er redet. So auch hier, wo es ohne weitere Erläuterung heißt: „Die Auserwählten [...] finden dabei [sc. im Himmel] jedoch ihre wahre Identität, ihren eigenen Namen" (l.c. 293). Offensichtlich haben die Autoren die numerische Identität, d.h. wer ein Mensch ist, und die qualitative Identität, d.h. was für ein Mensch jemand ist, miteinander verwechselt (cf. Tugendhat 1979, 284).

Von unfreiwilliger Komik ist schließlich die Überschrift im *Katechismus*: „Maria – eschatologische Ikone der Kirche" (l.c. 280). Ikone hat heute zwei Bedeutungen. Das Wort bezeichnet eine Bildgattung der ostkirchlichen Malerei und es wird als Metapher für einen verehrten Star im Schaugeschäft verwendet. Ein Prädikat, das auf einen Pop-Star wie Madonna paßt, auf die Mutter Jesu anzuwenden, ist einfach grotesk und geschmacklos. Oder sollte die Wortwahl unbewußt gar eine der dunkelsten Seiten der Kirche verraten, ihre Affinität zum Schaugeschäft?

Hirtenbrief

Den Hirtenbrief des Limburger Bischofs zur Fastenzeit 2012 bespreche ich hier, weil dieses Schreiben für die selbstverschuldete Sprachnot kirchenamtlicher Einlassungen heutzutage symptomatisch zu sein scheint. Der Hirtenbrief hat als Motto einen Halbvers aus einem Paulusbrief: „Christus als Gewand anziehen" (Gal 3,27). Der Wortlaut lehnt sich an die Einheitsübersetzung an, während er im Original einfach lautet: „Christus anziehen". Die Paraphrase verleitet den Autor dazu, alle möglichen Kleidermetaphern der Bibel anzuführen, die aber nicht im geringsten helfen, das dunkle Pauluswort verständlich zu machen. Das Schreiben spricht nicht von der allgemein bekannten Fastenzeit, sondern in feierlicher Vagheit von „österlicher Bußzeit".

Sein Thema ist die *caritas*, wobei oft nicht klar wird, ob die christliche Nächstenliebe oder der gleichnamige Verein gemeint ist. Daß *caritas*, das lateinische Wort für *agápē*, ein singulärer christlicher Begriff ist, wird ebenso wenig erklärt, wie das genuin christliche Verständnis der Armut eigens artikuliert würde. In ähnlicher Traditionsvergessenheit greift der Autor den Anglizismus ‚compassion' auf, ohne zu wissen, daß das Wort sich von der lateinischen *compassio* herleitet, was aber, wie oben zitiert, ein echter Christizismus, eine sprachliche Neuschöpfung der frühen Christen ist. Es ist da die Rede von dem „Geist der Innerlichkeit", von „Ganzheitlichkeit", dem „inneren Zusammenhang von Spiritualität und Caritas". Jeder dieser problematischen Modebegriffe müßte im einzelnen sorgfältig erläutert werden. Hier werden sie nur als Schlagworte gebraucht, als Signale, Klischees, Verständigungsmittel für Verbandsangehörige, die ohnehin Bescheid wissen sollen — was ich aber bezweifle. Die Begriffe bilden eine Reihe von Leerformeln, eine Serie von Gesten gestelzter Erbaulichkeit.

Bei dieser Ansprache fühlt man sich ebenso wie bei den konventionellen Predigten an das Wort Nietzsches erinnert, der einmal schrieb: „Die Söhne von protestantischen Geistlichen und Schullehrern erkennt man an der naiven Sicherheit, mit der sie als Gelehrte ihre Sache schon als bewiesen nehmen, wenn sie von ihnen eben erst nur herzhaft und mit Wärme vorgebracht worden ist: sie sind eben gründlich daran gewöhnt, daß man ihnen *glaubt* – das gehörte bei ihren Vätern zum ,Handwerk'!" (Nietzsche 1966, Bd. 2,214)

Eines ist jedenfalls klar: Wer wie der Autor dieses Hirtenbriefes ständig den ominösen „Menschen von heute" im Munde führt, gibt nur zu erkennen, daß er ein wenig weltfremd ist und blind für jenen Sachverhalt, der sich geistige Situation der Zeit nennt. Wenn Karl Rahner dagegen von den heutigen Menschen spricht, schließt er sich selbst ein (Rahner 1976, 98). Er unterscheidet nicht zwischen sich und seinen Zeitgenossen, er versteht sich als Bürger seiner Epoche, und dieses Bewußtsein war sicher einer der Gründe für seine erstaunliche Produktivität. Damit will ich natürlich nicht seinen komplizierten Gelehrtenstil als Vorbild hinstellen.

Als ein weiteres Beispiel, wie leichtfertig eine Tradition der christlichen Kultur aufgegeben wurde, sei erwähnt, daß der seit dem frühen Christentum bekannte „Weiße Sonntag" (Dominica in albis) in unseren Tagen von dem polnischen Papst in „Sonntag der göttlichen Barmherzigkeit" umgewidmet wurde. Angeregt wurde diese Umbenennung eines historischen Namens in ein blasses Abstraktum durch Visionen einer polnischen Nonne – so mußte ein allgemein kirchlicher Brauch einer fragwürdigen provinziellen Neuerung weichen. „Weiß" hieß übrigens jener Sonntag deshalb, weil an diesem Tag die Christen, die in der Osternacht getauft worden waren, zum letzten Mal die weißen Taufgewänder trugen.

Auch den Hirtenbrief des Mainzer Bischofs zur Fastenzeit 2012 kann man keineswegs als ein vorbildliches Muster seiner Gattung bezeichnen. Er handelt vom Priestermangel und wie dem abgeholfen werden könnte. Das Schreiben ist, bis auf ein paar zweideutige Stellen, klar und verständlich geschrieben; doch kann man den Eindruck nicht abweisen, daß es ein wenig zu routiniert verfaßt und in einigen Punkten nicht bis ins Letzte durchdacht ist.

Der Text orientiert sich an der Metapher des Weges. Zunächst werden „wichtige bisherige Wege" der Berufung, dann „neue Zugänge" beschrieben. Bei den neuen Formen der Erwählung handelt es sich darum, daß beruflich erfolgreiche Männer sich entschließen, Priester oder Diakon zu werden. Gemeint sind also Spätberufene, die es schon immer gab, und es stellt sich heraus, daß auf diese Weise das Problem des Priestermangels nicht gelöst werden kann. Mit den bisherigen Formen der Berufung ist gemeint, daß viele sich auf Grund der Erfahrung in Familie, Kirchenarbeit und Gottesdienst entschieden haben, Priester zu werden. Dazu bemerkt der Autor, Karl Lehmann: „Auch wenn wir sie zu erneuern versuchen, erscheinen sie manchmal wie ausgetretene Pfade“. Das mag durchaus stimmen, doch ist die Wahl dieser pejorativen Metapher in diesem Zusammenhang offensichtlich ungeschickt und mißverständlich; denn wieso sollen Gottesdienste ausgetretene Pfade sein? Der Autor bedenkt nicht, daß es zum Wesen der Feier gehört, daß sie eine erinnernde Wiederholung ist. Dabei stellt sich die Frage, wie man verhindern kann, daß die Wiederholung zur geistlosen Routine wird.

Insgesamt ist der Text in einem blassen, konventionellen, wenig eindringlichen Stil verfaßt, der zudem einige Tücken aufweist. Der Satz „Wir sind alle zum Zeugnis für Gott und seiner Liebe zu den Menschen berufen“ ist zwar grammatisch korrekt, verlangt aber vom Leser, daß er vor dem Genitiv „seiner Liebe“ stillschweigend ergänzt: „zum Zeugnis seiner Liebe“. Ähnlich muß man den Schlußsatz gedanklich umformulieren, um ihn verstehen zu können: „Vor allem erbitte ich für Sie alle, besonders auch den Kindern [...] den Segen“. Die stilistische Unebenheit liegt darin, daß „erbitten“ sowohl mit der Präposition „für“ als auch mit dem Dativ konstruiert werden kann. Hier muß man also ergänzen: „erbitte ich auch den Kindern ...“. Ich will diese vertrackte Stilfigur nicht überinterpretieren, doch scheint sie mir für ein Denken symptomatisch zu sein, das sich nicht immer durch Offenheit und Gradlinigkeit auszeichnet.

Lehmann spricht einmal in Anführungszeichen von den „üblichen ‚Kirchenproblemen‘“, um sie auf diese Art als nebensächlich für sein Thema beiseite zu schieben. Vorher hatte er einige Beispiele angeführt, wie Propheten berufen wurden. Daß die Hauptaufgabe der Propheten darin bestand, die religiösen Mißstände ihrer Zeit aufzudecken, hat er allerdings nicht erwähnt, und was die gegenwärtige Lage der Kirche angeht, so begnügt er sich damit, auf den „geistlichen Hochmut“ und die Gefahr des Absturzes hinzuweisen. Der Gedanke scheint ihm nicht gekommen zu sein, daß gerade die kirchlichen Mißstände, der angeschlagene moralische Ruf des derzeit amtierenden Klerus, eine der wichtigsten Ursachen für den Priestermangel sind.

Diplomatisch unverbindlich bleibt er aber besonders in einer Frage, die er in aller Bestimmtheit hätte beantworten müssen. Gemeint ist die Frage, ob Frauen zu Priester geweiht werden können. Er bemerkt dazu, das Gespräch werde weitergehen, es drehe sich aber im Kreise, um dann das Thema mit den Worten abzuschließen: „Außerdem kann es für eine Teilkirche bei einem

Thema von diesem Gewicht keine neuen Wege geben, die nicht die Zustimmung des Papstes erlangt haben." Als Laie, der die Dinge aus kurzer Distanz betrachtet, wundert man sich, wie Lehmann zu dieser Formulierung kommen konnte, da der Papst die Sache doch endgültig entschieden hat.

In dem Apostolischen Schreiben vom 22. Mai 1994 *Ordinatio sacerdotalis* hatte Johannes Paul II. nämlich ausdrücklich kraft seines Amtes, also in einer unfehlbaren Entscheidung, erklärt, „daß die Kirche keinerlei Vollmacht hat, Frauen die Priesterweihe zu spenden, und daß sich alle Gläubigen der Kirche endgültig an diese Entscheidung zu halten haben." Lehmann erwähnt auch nicht, daß es Theologen gibt, die der begründeten Ansicht sind, daß Johannes Paul II. mit dieser Entscheidung seine Kompetenz eindeutig überschritten habe, weil er die notwendigen Bedingungen einer solchen Erklärung nicht erfüllt hat, und daß diese als unfehlbar deklarierte Entscheidung deshalb „mißlungen" sei (Häring 1997, 129).

Da ich mich hier nur mit dem sprachlichen Aspekt kirchenamtlicher Texte befasse, möchte ich zu diesem Punkt nur sagen, daß undurchsichtige oder lässige Formulierungen der erwähnten Art das Vertrauen in bischöfliche Äußerungen gewiß nicht fördern können.

Predigt

Schließlich noch ein Wort zur Rhetorik der zeitgenössischen Predigt. Als Beispiel sei eine Predigt des Theologen Heinrich Fries zum Himmelfahrtstag gewählt, die insofern gewiß untypisch genannt werden kann, als Fries sich bemüht, wenigstens die wichtigsten christlichen Ideen in einfacher und verständlicher Sprache seinen Hörern darzustellen. In zweierlei Hinsicht ist seine Rede jedoch durchaus typisch für diese rhetorische Gattung, wie sie heute gewöhnlich verwendet wird. Seine Predigt beginnt, einen modischen Aufhänger benutzend, mit der witzlosen Pointe, daß mit dem festlichen Ereignis keine Weltraumfahrt gemeint sei, um dann formelhaft abstrakt zu verkünden, was der christliche Begriff des Himmels bedeutet (Fries 1993. 42ff.). Weitaus überzeugender und sachgerechter hat Pascal dargelegt, daß der christliche Himmel nichts mit dem Weltall zu tun hat, wenn er von dem Schweigen der unendlichen Räume spricht: „Le silence éternel de ces espaces infinis m'effraie" (Pascal 1954, 1113). Wir vermuten heute zwar, daß das Universum nicht unendlich, sondern unbegrenzt ist. Wir vermuten aber auch immer noch, daß es größtenteils aus leerem Raum besteht, und dessen Weite und Ausdehnung übersteigt auch heute noch unsere Vorstellung.

Außerdem reiht Fries in suggestiver, appellativer Aufzählung eine christliche Formel an die andere, ohne diese Vorstellungen, die den Zeitgenossen meist fremd sind, näher zu erklären, und wo er einmal rational argumentiert, begeht er einen logisch-semantischen Fehler, der einem gebildeten Theologen nicht hätte unterlaufen dürfen. Er meint zu Recht, daß wir uns den christlichen Himmel eigentlich nicht vorstellen können, bildet dann aber fälschlicherweise die Analogie, daß auch die Vorgänge im Reich der Mikrophysik nicht vorstellbar seien, und diese Vorgänge gehörten doch zum gegenwärtigen säkularen Weltverständnis (l.c. 44). Mit dieser Analogie überspielt er aber den radikalen Unterschied, der zwischen christlichem Glauben und dem hypothetischen Vermutungswissen der Naturwissenschaft besteht, das auf empirischen Grundlagen beruht und als korrigierbar betrachtet wird. Ein Naturgeheimnis ist kein Glaubensgeheimnis. Gewiß ist das analogische Denken für die religiöse Sprache unentbehrlich, doch in diesem Punkt kann es nur zu Mißverständnissen führen.

Dennoch ist Fries eine rühmliche Ausnahme unter den heutigen Predigern. Die weithin übliche Praxis der Sonntagspredigt ist mehr als kläglich. Viele Pfarrer machen sich nicht einmal die Mühe, den Sinn der Bibeltexte zu erläutern, die vorgelesen wurden. Sie begnügen sich damit, Gemeinplätze einer unverbindlichen Allerweltsmoral zu verkünden, wenn sie ihren Hörern nicht Klischees der gerade herrschenden psychologischen Mode auftischen. Vom Geist des Christentums, seinem Ernst und seiner Radikalität ist in ihren Reden nicht das geringste zu spüren. Ähnlich dachte auch Peter Rühmkorf. Was er in seinem Tagebuch am 5. Dezember 1989 über die Radioansprache eines evangelischen Pfarrers notiert, dürfte ohne Einschränkung auch auf die meisten Ansprachen katholischer Geistlicher zutreffen: „Dann um 9.05, pünktlich wie das Amen in der Kirche, der Paster, der alles Große wieder klein predigt. Menschenworte, Klimbim, Banalitäten." Ein Beobachter der Szene hat einmal vermutet, daß viele Pfarrer die Kirchen leergepredigt hätten. Der Mann dürfte recht haben. Wie wir gesehen haben, war Böll der gleichen Meinung. Im übrigen kann man nur hoffen, daß Camus wenigstens in Einzelfällen mit dem recht hat, was er mit dem Worten sagt, die ich im Motto dieses Kapitels zitiert habe.

Schließlich noch ein Wort zu der Kritik, die der Philosophiehistoriker Kurt Flasch jüngst in seiner Streitschrift gegen das Christentum an der Sprache der Kirchen geübt hat: „Ihr Deutsch ist unverständlicher als ihr altes Latein. Es hat den Erfahrungsboden verloren; kein Trick der Kanzelberedsamkeit hilft ihm auf." Und er fügt hinzu, „daß nicht zuletzt der Abscheu vor der heutigen Kirchensprache die Menschen aus den Kirchen vertreibt" (Flasch 2013, 45). Es ist sehr zu bedauern, daß Flasch, der uns im übrigen eine Fülle gelehrten Wissens aus der Philosophiegeschichte mitteilt, darauf verzichtet hat, seine Kritik an der kirchlichen Sprache im einzelnen zu begründen. Aus einer einzigen Stelle kann man ungefähr erschließen, was er gemeint haben könnte. Er erklärt dort, daß die Menschen heute nicht mehr verstünden, was mit dem christlichen Begriff der Erlösung gemeint sei. Er schreibt, daß die Christen sich heute selten oder nie als „erlösungsbedürftig" verstünden (l.c. 198).

Wie man sieht, nimmt Flasch einen historistischen Standpunkt ein – und verkennt damit die historische Situation, wie sie tatsächlich ist. Er vertritt offenbar die Meinung, daß die Menschen erst heute nicht mehr wüßten, was Erlösung bedeutet. Richtig ist dagegen, daß sie zu allen Zeiten lernen mußten, was mit den christlichen Begriffen gemeint ist. Wir haben gesehen, welche Mühe die Christen der Frühzeit hatten, die richtigen Worte für ihre Lehre zu finden, die im wesentlichen vollkommen neu war. Die richtige Sprache für die christlichen Ideen zu finden, war aber die Aufgabe jeder Generation und es ist kaum anzunehmen, daß die Leser und Zuhörer des Augustinus oder des Thomas von Aquin sich ohne weiteres im genauen christlichen Sinn als erlösungsbedürftig betrachtet hätten. Augustin und Thomas mußten ihnen erst genauestens erklären, was Erlösung für den Christen bedeutet, und erst dann konnten sie ihre existentielle Situation als erlösungsbedürftig erleben. Bemerkenswert ist dabei, daß sowohl Augustin als auch Thomas sich der Sprache der griechischen Philosophie bedienten, um zu sagen, was sie theologisch sagen wollten. Die gleiche Methode befolgte, wie angedeutet, in unseren Tagen zuletzt Karl Rahner.

Das Problem, das ein Prediger zu lösen hätte, bestünde nun zum Beispiel darin, in allgemeinverständlichen Worten zu sagen, was Rahner in der existenzphilosophischen Begrifflichkeit seiner Theologie und in einer oft unnötig schwierigen Diktion gesagt hat. Dieses Problem ist ungelöst. Ich kann mir aber kaum vorstellen, daß gebildete, religiös interessierte Hörer wegliefen, wenn man ihnen in klarem Deutsch erklärte, was Rahner über die Grundlagen des christlichen Glaubens ausgeführt hat. Gewiß sollte eine Predigt keine theologische Vorlesung für Laien sein; eine Predigt bliebe aber substanzlos, wenn sie nicht das Grundwissen des Christentums in verständlicher Form weitergäbe.

Romane und Essays

Das hier beschriebene Tableau von neuestem Bibeldeutsch, lehramtlicher Aussage und konventionellem Predigerton ist der Hintergrund, vor dem man den Gebrauch religiöser Rede in der christlichen Dichtung, in Romanen und in Essays zu beurteilen hat, die von christlichen Gegenständen handeln. Ich brauche wohl nicht zu betonen, daß ein Übersetzer der Bibel nicht nur philologisch und exegetisch gebildet, sondern auch ein sprachlich begabter Schriftsteller sein sollte, daß aber Prediger keineswegs Redekünstler oder Kanzelredner sein müssen, die mit allen rhetorischen Kunstgriffen vertraut sind. Vielmehr ist es so, daß gerade eine formvollendete, elegante Predigt gewöhnlich eher abstoßend wirken wird, während eine rhetorisch unbeholfene Predigt durchaus die intendierte geistige Wirkung ausüben kann (Gadamer 1965, 313). Wie dem aber sei, man braucht kein Meisterredner zu sein, um die kritisierten Fehler der konventionellen religiösen Rede zu vermeiden: die läppische Anbiederung an den Zeitgeist, die appellative Häufung religiöser Schlagwörter, das formelhafte Einhämmern erbaulicher Phrasen, der Verzicht auf vernünftige Argumente in Glaubensfragen.

Romane und Essays sind völlig andere literarische Gattungen als die Formen religiöser Rede, die ich in diesem Kapitel beschrieben habe. Diese grundsätzliche Differenz gilt es im Auge zu behalten, wenn ich im folgenden die beiden Formengruppen einander gegenüberstelle. Um die textgrammatische Einteilung Harald Weinrichs zu verwenden, sei betont, daß man sich darüber im klaren sein sollte, daß die Grundform des Romans das Erzählen ist, während die Grundform des Essays und der Rede das Besprechen ist. Beim Erzählen wird die Frage nach der Wahrheit des Erzählten zunächst hinausgeschoben, während beim Besprechen jeder Satz eine Stellungnahme zu seiner Wahrheit verlangt (Weinrich 1993, 201ff.). Schließlich wäre noch zu beachten, daß bei einem Essay der Autor in seinem eigenen Namen spricht, während der Prediger nicht seine persönliche Meinung verkünden sollte, sondern den Glauben der Kirche. Natürlich ist ein Prediger nur dann glaubwürdig, wenn klar wird, daß er von dem, was er sagt, auch selbst überzeugt ist.

Was die Romane von Bernanos, Greene und Döblin angeht, die sich als Muster ihrer Gattung erwiesen haben, so fällt zunächst auf, daß sie sich in Darstellung und Diskussion auf einige wenige religiöse Ideen beschränken, obwohl ihr Text weitaus umfangreicher ist, als es religiöse Reden oder Rundschreiben je sein können. Außerdem wird in den Romanen keine einzige christliche Kategorie als selbstverständlich vorausgesetzt. Es sind moderne

Autoren, sie sind sich bewußt, daß die moderne Welt zwar christliche Wurzeln hat, nun aber durchweg profan und säkular ist.

Selbst im *Tagebuch eines Landpfarrers*, das in einem kirchlichen Milieu spielt, werden doch nur drei oder vier christliche Ideen eingehend besprochen: das religiöse Problem des Bösen, die christliche Vorstellung der Armut im Kontrast zur revolutionären Gesellschaftskritik und die Erfahrung der Gnade, die so dargestellt wird, daß sie, wie H.E. Nossack feststellt, auch von Nichtchristen und Nichtglaubenden verstanden werden kann. In Greenes Roman über die mexikanische Christenverfolgung wird das elementare oder ursprüngliche Glaubensleben unter den Bedingungen härtester Verfolgung beschrieben. Explizit besprochen wird aber vor allem das christliche Menschenbild, das eine metaphysisch-religiöse Dimension umfaßt, die dem Menschen einen einzigartigen Wert verleiht, einen Wert, der ihm in den nihilistischen Staatsideologien verweigert wird.

Bei diesen Romanen sollte man ein Moment nicht vergessen: es wird nicht nur erzählt, sondern innerhalb des Rahmens der Erzählung auch leidenschaftlich diskutiert und zwar über jene Fragen, die den Einzelnen unendlich interessieren. Diese Dispute haben aber eine besondere Qualität, die Greene wohl als erster hervorgehoben hat: „Es ist seltsam, wie beruhigend eine Unterhaltung ist, besonders eine über abstrakte Dinge." (Greene 1973, 98: „It is odd how reassuring conversation is, especially on abstract subjects".)

Döblin expliziert in seinem *Hamlet* erzählend und besprechend den Begriff der Redlichkeit, der die notwendige Bedingung jeder moralischen und religiösen Entscheidung ist. Es geht in dem Roman um die moralische Schuld, die eine Sache des Einzelnen ist; sie wird von der politischen Schuldfrage scharf unterschieden, und es geht um das christliche Schuldverständnis, das dem mythischen Schuldverständnis gegenübergestellt wird, das keine Befreiung von der Schuld im Sinne der christlichen Gnade kennt. Auch in der Legende von der *Pilgerin Aetheria*, seiner letzten Erzählung, setzt Döblin keineswegs den christlichen Standpunkt voraus, vielmehr zeigt er an dem Beispiel dieser erfundenen Figur, was konventioneller Glaube im Gegensatz zu lebendigem Glauben eigentlich bedeutet. Döblin bevorzugt die indirekte Mitteilung christlicher Ideen und wir haben eine Erzählung von Edzard Schaper kennengelernt, die diese durchaus moderne Darstellungsart in reiner Form realisiert hat.

Wie wir gesehen haben, zeichnen sich auch die Romane von Bergengruen, Böll und Schaper, sowie die Erzählungen von Goes und Schneider durch thematische Sparsamkeit aus. Bergengruen dramatisiert den Konflikt von politischer Macht und der christlichen Idee der Gerechtigkeit, Schneider schildert in einem historischen Kontext den Gegensatz von Naturrecht und Staatsrecht, den Widerspruch zwischen einer autoritären Staatsdoktrin und einer christlichen Ethik, die auf den Freiheitsrechten des Einzelnen, gleich welcher Hautfarbe, besteht. Schaper beschreibt die unsichere Existenz der Kirche in einer feindlichen, säkularen Umwelt, einer Kirche, die ihren politischen und gesellschaftlichen Einfluß vollständig eingebüßt hat. Was er in dieser Hinsicht über die orthodoxe Kirche in der Zwischenkriegszeit schreibt, ist inzwischen unter anderen Bedingungen auch die Lage der westlichen Kirchen geworden. Böll wurde nicht müde, auf diese selbstverschuldete Situation der organisierten Kirche in Deutschland hinzuweisen, und er hat mit großem Geschick für zeitgenössische Leser darzustellen versucht, was das Wesen des Sakramentes ist. Goes hat mit aller wünschenswerten Klarheit in seiner Erzählung gezeigt, daß der eigentliche Sinn des Begriffs des Opfers religiöser Natur ist und das Wort außerhalb dieses Kontextes zu einem nichtssagenden Klischee wird.

VI. Essays

Den kirchenamtlichen, offiziellen oder offiziösen Texten und Reden, die ich in einigen Stichproben besprochen habe, möchte ich nun in aller Kürze auch einige Essays von christlich engagierten Schriftstellern gegenüberstellen, die ihre Sache ebenfalls besser gemacht haben. Ich begnüge mich damit, auf G.K. Chesterton, Theodor Haecker, Alfred Döblin und Sigismund von Radecki hinzuweisen, Meister des Genres, die bis heute leider keine ebenbürtigen Nachfolger gefunden haben (cf. Quack 2008). Sie unterscheiden sich von den erwähnten Autoren kirchlicher Texte radikal dadurch, daß sie wie die Romanciers in ihrer Prosa drei wesentliche Gesichtspunkte beachten: Sie beschränken sich in ihren Schriften auf einige wenige, aber essentielle Gegenstände, die sie gründlich erörtern. Zweitens halten sie keine einzige Glaubensfrage für evident oder selbstverständlich. Auch sie wissen, daß die moderne Welt zwar christliche Ursprünge hat, nun aber durchweg profan und säkular ist: jede christliche Kategorie muß neu überdacht und erklärt werden. Diese Einstellung ist der Grund, warum sie den pastoralen Insiderjargon, die Redeweise der theologischen Routiniers, die salbungsvolle Floskelsprache der Tradition strikt vermeiden. Sie wollen von ihren Zeitgenossen verstanden werden und dies gelingt ihnen, drittens, dadurch, daß sie über die seltene Gabe verfügen, klar, einfach und pointiert sagen zu können, was sie im religiösen Sinn glauben.

Der Essay ist eine Form, die dem Autor durchaus die Freiheit läßt, in viele Richtungen abzuschweifen und vielerlei Themen zu berühren. Von dieser Freiheit haben Chesterton, Haecker, Döblin und Radecki bezeichnenderweise aber nur selten Gebrauch gemacht. Auch sie wissen, daß thematische Sparsamkeit ein unverächtlicher Vorzug der menschlichen Rede ist, besonders wenn man bedenkt, daß wir zu einer „schwatzhaften Spezies" (Quine) gehören.

Schließlich noch ein Wort über die Sprache dieser Autoren. Chesterton hält sich im Rahmen der geistreich gebildeten Konversation, er verliert in keinem Moment den Leser aus den Augen, den er zugleich belehren und unterhalten will. Döblin orientiert sich in seinen Religionsgesprächen an der alltäglichen Umgangssprache, er versucht seinem skeptischen Partner die Fragen des Glaubens so einfach wie möglich darzustellen – was keine leichte Sache ist, denn sprachliche Einfachheit im Roman und Essay ist das Ergebnis einer erheblichen Kunstanstrengung. Haecker wiederum liebt die weit gespannte Periode der klassischen Rhetorik, daneben die polemische Direktheit in der Aussage, was seine Prosa ungemein belebt und Zustimmung oder Widerspruch herausfordert. Haecker will dem Leser zu der Einsicht verhelfen, daß man in Dingen des Glaubens einer Entscheidung nicht ausweichen kann. Radecki schätzt die ansprechenden, verbindlichen Redeweisen, doch geht es auch ihm darum, die Sache des Glaubens so klar darzustellen, daß keine Mißverständnisse aufkommen.

Es ist fast überflüssig zu erwähnen, daß Chesterton ein Disputant war, der die geistige Auseinandersetzung leidenschaftlich liebte. Das gleiche läßt sich auch von übrigen Schriftstellern sagen, die ich hier genannt habe. Ihre Essays haben meist einen polemischen Zug, den zum Beispiel Heidegger im Falle Haeckers streng tadelte (Heidegger 2007, 115). Heute aber muß man anerkennen, daß diese Essays nicht zuletzt deshalb auch für uns lebendig geblieben sind, weil sie alle mehr oder weniger Streitschriften sind, Dokumente eines starken Engagements für die Sache, von der diese Autoren überzeugt waren.

Döblin schreibt programmatisch: „Man lasse die guten Kräfte aktiv in die Arena treten. Auf Stoß erfolgt Gegenstoß. Die Wahrheit läßt sich nicht im Monolog ermitteln." (Döblin 2005, 419) So hat er denn seine beiden Schriften über das Christentum, *Der unsterbliche Mensch* und *Der Kampf mit dem Engel*, ausdrücklich als „Religionsgespräche" konzipiert, es sind Diskussionen zwischen einem Glaubenden und einem Skeptiker. Radecki sagt von sich: „Ich muß zugeben, daß ich ein Kampfhahn bin – beileibe kein Querulant, der mit jedem Streit anfängt, aber doch einer, der die Hoffnung hegt, durch Disput mit dem Nebenmenschen auf die Wahrheit zu kommen. Einer, der da glaubt, durch Argumente überzeugen zu können, aber gleicherweise bereit ist, sich durch Argumente überzeugen zu lassen. [...] der Kampfhahn glaubt an Verständigung, will durch Streit zur Einigkeit [!] und ist also eigentlich ein Friedenshahn." (Radecki 1957, 36) Man könnte auch sagen, daß diese Essayisten jene Gabe über alles geschätzt haben, die die Gabe der „Unterscheidung der Geister" (1 Kor 12,10) genannt wurde. Mit anderen Worten, es waren begabte Kritiker und, was ich hier nicht eigens betonen muß, Schriftsteller in einem emphatischen Sinne, Autoren, die sich auf die Kunst der Rede verstanden, was man von den meisten Philosophen und Theologen leider nicht sagen kann. Als rühmliche Ausnahmen wären Schopenhauer, Nietzsche oder Kierkegaard zu nennen.

Im folgenden kann es selbstverständlich nicht darum gehen, die philosophischen und theologischen Ansichten jener Schriftsteller systematisch zu beschreiben. Ich kann hier vielmehr nur ein paar Gedanken skizzieren, die für ihre Überzeugung charakteristisch sind. Ich kann nur hoffen, daß der Leser wenigstens einen ersten Eindruck von den Ideen bekommt, die das geistige Leben dieser Autoren bestimmt haben. Bei Haecker werde ich etwas länger verweilen, weil er heute am wenigsten bekannt ist, obwohl er eine erstaunliche Wirkung ausübte.

Zum Begriff des christlichen Glaubens

Zuvor möchte ich aber ein paar Worte zum Begriff des christlichen Glaubens sagen, weil sie nötig sind, um die Intention und den Standpunkt dieser Essayisten begreifen zu können und weil über die christliche Auffassung von ‚glauben' einige Mißverständnisse bestehen, die nicht leicht aufzuklären sind. Viele Kontroversen über das Christentum sind deshalb so unergiebig, weil die Diskutanten sich über diesen Punkt nicht recht klar sind. Die einen orientieren sich an der umgangssprachlichen Bedeutung von ‚glauben', die anderen haben ein mehr oder weniger reflektiertes christliches Verständnis von dieser Einstellung. Selbstverständlich kann ich hier nur die wesentlichen Punkte dieser Grundfrage des Christentums hervorheben.

Zu Beginn des Essays habe ich das erste Dogma der christlichen Glaubenslehre erwähnt und die entscheidenden Merkmale genannt, die einen Menschen charakterisieren, der sich als Christ versteht: der Glauben an die Existenz Gottes, der Glaube an die singuläre Natur Christi und der Glaube an die Unsterblichkeit der menschlichen Seele. Hier geht es zunächst aber nicht um Glaubensinhalte, sondern um die Struktur des Glaubensaktes, die Haltung oder die Einstellung des Glaubens. Doch werden wir sehen, daß man nicht sagen kann, was Glauben im christlichen Sinn bedeutet, ohne bestimmte Voraussetzungen des Christlichen zu berücksichtigen. Zwischen dem umgangssprachlichen Gebrauch des Glaubensbegriffs und der christlichen Auffassung des Glaubensbegriffs besteht eine spezifische Differenz, die sich in keiner Weise aufheben läßt.

Im normalen Sprachgebrauch bedeutet ‚glauben', daß man etwas für wahr hält, weil man dem vertraut, der uns darüber berichtet: „Der im strikten Wortsinn Glaubende akzeptiert, auf das Zeugnis von jemand anders hin, einen Sachverhalt als wirklich und wahr." (Pieper 1962, 31) Es gehören zum Glaubensakt also immer zwei Momente: „die Zustimmung zu einem Sachverhalt" und die „Zustimmung zu einer Person", der man vertraut. Glauben heißt mit anderen Worten: „etwas als uneingeschränkt wahr und wirklich akzeptieren auf das Zeugnis von jemand anders, der den Sachverhalt aus eigenem kennt" (l.c. 67).

Daraus ergeben sich, wie man sofort sieht, zwei wichtige Folgerungen. Die Zustimmung, von der hier die Rede ist, kann nicht, wie bei einem logischen Beweis durch formale Stringenz oder wie bei einem empirischen Forschungsexperiment durch die Erkenntnis der Fakten gleichsam erzwungen werden. Die Zustimmung des Glaubens ist vielmehr freiwillig oder: „Glauben kann man nur, wenn man will" (l.c. 39).

Zweitens ergibt sich aus dieser begrifflichen Eigenart, wie Thomas betont, daß beim Glauben derjenige, „dessen Aussage man zustimmt, das Entscheidende [ist]; demgegenüber sind die Inhalte, denen man zustimmt, in gewissem Sinn sekundär" (Zitat, l.c. 34). Wenn man diese Eigenart des Glaubensaktes bedenkt, kann man leicht erkennen, daß der zwischenmenschliche Glaube unüberschreitbare Grenzen hat. Damit ist gesagt, daß man an jemand in einem strikten Sinn oder unbedingt nicht glauben kann: „Kein mündiger Mensch ist von Natur einem anderen so sehr geistig unterlegen oder überlegen, daß einer dem anderen als einer schlechthin geltenden Autorität gegenüberstünde" (l.c. 38).

Daß man an jemand glauben kann, ist eine spezifisch christliche Auffassung, insofern damit Gott und nur er gemeint ist. Diese Vorstellung unterscheidet den christlichen Glauben nicht nur von der natürlichen Beziehung zwischen mündigen Menschen, sondern auch von der Einstellung der anderen Religionen. Die Differenz zwischen dem christlichen Glauben und den übrigen Religionen ist in dieser Hinsicht so groß und auffallend, daß man zwischen Christentum und Religion einen prinzipiellen, unüberbrückbaren Gegensatz hat sehen wollen, was jedoch eine Überspitzung dieser unübersehbaren Differenz darstellt (cf. Lubac 1975, 112ff.). Doch will ich diese Frage hier nicht weiter verfolgen, sondern an die begriffsgeschichtliche Tatsache erinnern, daß man im frühen Christentum eine Wendung aus der lateinischen Umgangssprache aufgriff und so umdeutete, daß sie die Neuheit und Einmaligkeit des christlichen Glaubens bezeichnet: *credere in*. Die Wendung verstößt gegen die Regeln des klassischen Latein, sie wurde aber bewußt gewählt, um zum Ausdruck zu bringen, „daß hier ‚glauben' in einem bestimmten privilegierten Sinn gemeint ist" (l.c. 224).

Zweitens wird klar, daß in der Wendung ‚credere in deum' ein anderes Merkmal des spezifisch christlichen Glaubensverständnisses zum Ausdruck kommt: „Der exakte Begriff des Glaubens ist im Christentum untrennbar von dem, was seinen wesentlichen Inhalt ausmacht. Glaube und Glaubensgehalt bedingen sich gegenseitig" (l.c. 226). Um die Struktur des hier gemeinten Glaubensaktes zu beschreiben, kann man nicht von dem Glaubensinhalt absehen. Damit ist auch eine Hauptschwierigkeit genannt, die immer auftritt, wenn über den Sinn von ‚glauben' vom Standpunkt des gewöhnlichen Sprachgebrauchs gestritten wird.

Gelegentlich wird die Konversion eines Menschen zum Christentum als intellektuelle Kapitulation beschrieben, die eines mündigen Menschen unwürdig sei. Nach dem Gesagten dürfte klar geworden sei, daß dieser Vorwurf nicht gut begründet ist, denn ein Mensch, der in dem angegebenen Sinn glaubt, unterwirft sich ja niemand anders als Gott und zwar in dem Sinn, daß er ihm, den er als Schöpfer verehrt, unbedingt vertraut (l.c. 107). Es braucht nicht weiter erklärt zu werden, daß ‚unterwerfen' hier etwas gänzlich anderes bedeutet als im Hinblick auf zwischenmenschliche Beziehungen.

Auf ein weiteres Merkmal des christlichen Glaubensverständnisses kann ich hier nur hinweisen, indem ich die Definition des Thomas zitiere: „Credere est actus intellectus assentientis veritati divinae ex imperio voluntatis a Deo motae per gratiam" (S. th. II-II 2, 9: Glauben ist ein Akt des Verstandes, der der göttlichen Wahrheit aufgrund einer Entscheidung des Willens zustimmt, der von Gott durch die Gnade dazu bestimmt wird). Damit ist angedeutet, daß man bei allen Diskussionen über den Glauben nicht außer acht lassen sollte, daß nach christlichem Verständnis nicht nur die freie Zustimmung, die im Vollzug des Glaubensaktes erfolgt, nötig ist; vielmehr ist Glauben in diesem Sinn letztlich eine Sache der Gnade. Wie sich die menschliche Freiheit und die Mitwirkung der Gnade zusammendenken lassen, ist aber eine überaus dornige Frage, die ich hier nicht weiter erörtern kann.

Wenn man sich die fundamentalen Merkmale des christlichen Glaubensverständnisses, die ich hier nur angedeutet habe, vor Augen hält, kann es einen nicht überraschen, daß die üblichen Kontroversen zwischen Christen und Nichtglaubenden über die Religion gewöhnlich deshalb zu keinem Einverständnis führen, weil die Opponenten selten den Standpunkt des anderen begreifen können. Angesichts dieser wahrhaft verzwickten Lage hat Thomas denn auch im Fall eines Streitgesprächs dieser Art den klugen Rat gegeben, „nicht den Glauben zu beweisen, sondern den Glauben zu verteidigen" (Zitat aus Pieper 1956, 114).

Ob die Essayisten, von denen nun die Rede ist, diesen Rat gekannt haben oder nicht – jedenfalls haben sie sich, so streitlustig sie auch waren, diesem Rat entsprechend verhalten. Ihre Haltung war notwendigerweise apologetisch, was wiederum nur den überraschen kann, der ihren Standpunkt nicht versteht.

Schließlich soll in diesem kleinen Exkurs noch ein Gedanke erwähnt werden, den Thomas in einer Nebenbemerkung vorbringt. Der Gedanke besagt, daß es für Wissende, d.h. für Intellektuelle, für philosophisch oder wissenschaftlich gebildete Menschen außerordentlich schwierig ist, im christlichen Sinn zu glauben, und Thomas erläutert diese rationale Schwierigkeit mit einem überaus kühnen Vergleich. Er stellt den Denker, der den religionskritischen Einwänden der Philosophen standhält, auf die gleiche Stufe mit dem Märtyrer, der trotz der Folterungen seinen Glauben nicht aufgibt. Wohlgemerkt, Thomas spricht von den Wissenden seiner Zeit, des Mittelalters, und von den Wissenden der Antike. Wir müssen also die weit verbreitete historistische Illusion aufgegeben, als sei es ehedem leichter gewesen zu glauben, als sei die Schwierigkeit, in einem christlichen Sinn zu glauben, ein spezifisch modernes Phänomen. Schwerwiegende intellektuelle Einwände gegen das Christentum gab es zu allen Zeiten, seit es existiert.

Die Nebenbemerkung des Thomas, die den überraschend kühnen Vergleich enthält, verdient es, wörtlich zitiert zu werden: „Das, was dem Glauben widerstreitet, sei es in der Überlegung des Menschen, sei es in der äußeren Verfolgung, vermehrt insofern das Verdienst des Glaubens, als der Wille sich eher bereit und fest im Glauben erweist. Und deshalb hatten auch die Märtyrer, die vom Glauben nicht abließen wegen der Verfolgungen, ein größeres Verdienst des Glaubens; und auch die Wissenden haben ein größeres Verdienst des Glaubens, wenn sie vom Glauben nicht ablassen wegen der Einwände der Philosophen und Häretiker, die von diesen gegen den Glauben vorgebracht wurden." (*S. th.* II-II 2, 10 ad 3)

Gelegentlich hat man darauf hingewiesen, daß die angedeutete Zirkelstruktur des christlichen Glaubensaktes eine gewisse Analogie zum Vernunftgebrauch aufweist. Doch sollte man die spezifische Differenz der beiden Einstellungen nicht übersehen. Beim Vernunftgebrauch stellt sich die Frage, ob man mit vernünftigen Argumenten begründen kann, daß man vernünftig denken soll, oder ob man sich entscheiden muß, vernünftig zu sein. Im ersten Fall setzt man voraus, was zu begründen wäre – auch hier liegt also eine Zirkelstruktur vor. Genau genommen stellt sich beim Begriff des Glaubens im christlichen Sinn die Sache aber anders dar, weil auch im Fall der freien Zustimmung zum Glauben angenommen wird, daß bei dieser Entscheidung die Gnade vorausgesetzt wird. Ebendies ist das Grundproblem, das so schwer zu verstehen ist (cf. Rahner 1976, 124; 134 u. ö.).

„Lob des Seins"

Chestertons (1874-1936) bedeutendster Essay ist seine Schrift über Leben und Denken Thomas von Aquins. Er will darin nachweisen, daß Thomas „der Lehrer des gesunden Menschenverstandes" ist (Chesterton 1960. 105). Er beschränkt sich aber darauf, den Lesern die Kernpunkte der Lehre dieses Philosophen und Theologen, die wirklich entscheidenden Fragen, klarzumachen. Der erste Hauptpunkt ist das grundsätzliche, niemals erschütterte „Vertrauen auf die Vernunft" (l.c. 21). Es äußert sich in der fundamentalen Theorie, daß es nur eine Wahrheit geben kann; daraus folgt, daß Wissenschaft und theologisches Denken sich unmöglich widersprechen können (l.c. 64). Diesen fundamentalen Streitpunkt der Philosophie erläutert Chesterton sehr anschaulich, indem er die damaligen philosophischen Weltanschauungen mit den heute gängigen Auffassungen vergleicht, und er macht plausibel, daß die innerreligiösen Spannungen, die später zur Reformation führten, schon im Hochmittelalter bestanden haben. Daß Thomas in vielen Dingen die beschränkten Vorstellungen seiner Epoche teilte, verschweigt Chesterton keineswegs, doch hebt er vor allem seine bleibenden, in die Zukunft weisenden Gedanken hervor.

Der zweite Punkt besagt, daß die Lehre der Schöpfung für Thomas der Ausgangspunkt und die Grundlage aller Begriffe und Folgerungen seines Denkens bildet. Chesterton nennt die Philosophie des Thomas ein „Lob des Seins" (l.c. 75), und er schreibt deshalb so beredt über diese Philosophie, weil dieser Gedanke die tragende Überzeugung seiner eigenen geistigen Existenz ist. Dies hat von allen Kritikern des englischen Autors niemand anderes als Jorge Luis Borges hervorgehoben, der es sich in unseren Tagen gefallen lassen mußte, als Vertreter der Postmoderne abgestempelt zu werden: „Chesterton dachte, die bloße Tatsache, zu sein, sei derart überwältigend, daß kein Unglück uns von einer Art kosmischer Dankbarkeit entbinden dürfe" (Borges 1982, 157). Übrigens ist der Father Brown der Detektivgeschichten nichts anderes als eine Personifikation des gesunden Menschenverstandes, so wie ihn Chesterton versteht.

Das Moment, das Borges genannt hat, kann gar nicht stark genug betont werden. Es ist eines der unverächtlichsten Grundmotive des religiösen Glaubens und eine Schrift über den Glauben, die dieses Motiv nicht erwähnte, wäre in einem wesentlichen Sinne unvollständig. Desgleichen kann man allgemein von religionskritischen Arbeiten behaupten, daß sie die Bedeutung der Religion nur dann erkannt haben, wenn sie die Bedeutung dieses Motivs erkannt haben. Diese Ansicht wird von Elias Canetti bestätigt, der geschrieben hat: „Das Schwerste für den, der an Gott nicht glaubt: daß er niemanden hat, dem er danken kann. – Mehr noch als für seine Not braucht man einen Gott für Dank." (Canetti 1994, 154) Auch der Philosoph Ernst Tugendhat, der gegenüber jeder Religion äußerst skeptisch eingestellt ist, bestätigt doch diese Ansicht. Er bemerkt nämlich zu dem Fall, daß die Möglichkeit des Dankens aus der Perspektive des Nichtglaubens wegfällt: "Eine spezifische Weise der Transzendenz scheint verloren zu gehen, an ihre Stelle tritt eine eigentümliche Verflachung." (Tugendhat 2007, 197).

Was aber Chesterton angeht, so sei noch hinzugefügt: Um wichtige Begriffe wie *ens* (das Seiende), Materie und Form zu erklären, zieht er sprechende Vergleiche und Beispiele heran, und in diesem Punkt ist er gegenüber den Schulphilosophen im Vorteil, weil er über die lebendige Einbildungskraft eines Dichters und Künstlers verfügt. Dabei sollte man sich von der überaus leserfreundlichen, demonstrativen Schlichtheit seiner Darstellung nicht täuschen lassen – sie ist selbstironisches Understatement. Er schreibt durchweg in einem urbanen Konversationston, seine philosophischen Kenntnisse sind aber weitaus tiefer und umfangreicher, als er explizit zum Ausdruck bringt. Ohne diese Kenntnisse, ohne die gründliche Beherrschung des Stoffes könnte er nicht so souverän und elegant über die schwierigsten Fragen sprechen. Ohne den Begriff der Inkarnation zu erwähnen, umschreibt er ihn, um das Wesen des Christlichen zu bestimmen: „Im Gegensatz zu einem Juden, einem Muselmanen, einem Buddhisten, einem Deisten oder anderen ausgesprochenen Gegnern ist unter einem Christen ein Mensch zu verstehen, der glaubt, daß die Gottheit oder Heiligkeit sich mit der Materie verbunden hat oder in die Welt der Sinne eingetreten ist" (l.c. 27).

Étienne Gilson, eine anerkannte Autorität in Sachen mittelalterlicher Philosophie, schreibt über diese essayistische Monographie, die Fachphilosophen müßten wahrnehmen, „daß der sogenannte Witz Chestertons ihre Gelehrsamkeit beschämt hat. [...] Er hat alles gesagt, was sie mehr oder weniger unbeholfen in akademischen Formulierungen auszudrücken suchten." (Zitat bei Pieper 1986, 19) Auch heute noch ist dieser Essay Chestertons, den nur engherzige Fachphilosophen als rein journalistisches Werk abtun können, die beste Einführung in das Denken des großen Philosophen.

Menschenbild

Theodor Haecker (1879-1945) war philosophischer Schriftsteller, Übersetzer und Kommentator Kierkegaards, ein ausgezeichneter Stilist, ein katholischer Intellektueller, der die Gabe besaß, über seinen Glauben in modernen Zeiten authentisch zu informieren und zwar in klarer, eindeutiger Sprache, ohne die Vagheiten und Winkelzüge des zeitgenössischen theologischen Jargons. Seine Wirkungsgeschichte ist bis heute nicht geschrieben. Er wurde auch von Philosophen ernstgenommen, die sein Weltbild nicht teilten, so von Max Horkheimer, Theodor W. Adorno und Ludwig Marcuse. Karl Kraus suchte seinen Rat, ebenso T.S.Eliot (Haecker 1989, 310). Er war mit den Geschwistern Scholl befreundet, in deren Kreis er mehrfach Vorträge hielt. Man kann sagen, daß er der geistige Mentor der Widerstandsgruppe „Die weiße Rose" war, obwohl er höchstwahrscheinlich über die konkreten Widerstandshandlungen der Gruppe nicht im Bilde war (cf. Knab 2006, 8; Haecker 1989, 16).

(I.) Was das Problem einer angemessenen Sprache für christliche Ideen angeht, so muß man von Haecker in erster Linie die Schrift *Was ist der Mensch?* (1933) nennen. Der Traktat ist übersichtlich aufgebaut und sein Gedankengang ist überzeugend durchgeführt. Zuerst beschreibt Haecker die Grundlagen der europäischen Kultur, die auf zwei Säulen beruht: der antiken *humanitas* und der jüdisch-christlichen Offenbarung. Dann gibt er eine scharfe Diagnose der damaligen Gegenwart, die eine Zeit des von Menschen verursachten Chaos war. Schließlich entfaltet er seine These, das christliche Menschenbild. Das unveränderliche Wesen des Menschen besteht darin, daß er *animal rationale* und „Idee Gottes" ist. Die Antwort auf die Titelfrage lautet dann, daß der Mensch „sei eine imago Dei, geschaffen nach dem Bilde Gottes und Seinem Gleichnis" (Haecker 1965, 136). Diese These enthält zwei wichtige Folgerungen, die Haecker deutlich herausarbeitet: „Der Mensch ist erschaffen nach dem Bilde Gottes; nur darum konnte Gott auch Mensch werden, und nur darum hat der natürliche Mensch selber in sich die Möglichkeit, als Geschöpf erhoben zu werden zur Teilnahme am vollen göttlichen Leben selber" (l.c. 158).

Haecker verteidigt den Hauptsatz seiner Schrift gegen das Menschenbild seiner Zeit: die materialistische Ansicht, daß der Mensch eine Maschine sei; den Irrationalismus der Lebensphilosophie, die den Menschen als eine Art Pflanzenwesen betrachtet, und gegen die Meinung Oswald Spenglers, die vom Nationalsozialismus übernommen wurde, daß der Mensch ein Raubtier sei.

Im einzelnen wäre hervorzuheben, daß Haecker die Ideologie des Nationalismus und des Rassismus mit einem zentralen theologischen Argument widerlegt, indem er ausführt, daß diese Ideologie mit dem Glaubenssatz von der Menschwerdung Gottes schlechthin unvereinbar ist. Außerdem widerspricht er vehement der damals herrschenden Ideologie, daß der „Begriff des

Politischen" (Carl Schmitt) im Freund-Feind-Verhältnis bestehe. Haecker stellt dieser Meinung die klassische Auffassung gegenüber, die auch die Auffassung der christlichen Staatslehre ist, daß alle humane Politik auf der Idee der Gerechtigkeit beruht.

Hier wäre auf einen biographischen Zusammenhang zu verweisen, der einigermaßen delikat ist. In den Monaten, als Haeckers vehemente Abfertigung der politischen Theorie Schmitts erschien, arbeitete Schmitt an der Gesetzgebung des NS-Regimes mit; auch trat er damals in die NSDAP ein (Noack 1993, 178). Haecker und Schmitt waren befreundet gewesen, als beide in München lebten. Zu dieser Zeit, 1921, ist Haecker in die katholische Kirche eingetreten, und Schmitt behauptet, Haecker in dieser Hinsicht entscheidend beeinflußt zu haben: „Daß Theodor Haecker zum Katholizismus übertrat, ist nicht ohne mich als Hüter geschehen. Ich bin ein Hirte des Seins." (Schmitt 1991, 264) Es ist typisch für Schmitts Hang zur Selbststilisierung, der schließlich in einen veritablen Verfolgungswahn ausartete, daß er dem hinzufügt: „Ich trage auch das Hirten-Schicksal".

Ich weiß nicht, ob Schmitt die Schrift seines ehemaligen Freundes über den Menschen überhaupt beachtet hat. Das Buch, das die Gegenwart aus der Sicht der *philosophia perennis* kritisiert, fand jedoch eine starke Resonanz, wie nicht zuletzt die erstaunliche Antwort bezeugt, die Thomas Mann darauf gegeben hat. Zunächst, im November 1933, spricht er von „dem sehr hoch stehenden und durch seine katholisch-oppositionelle Humanität wohltuenden, aber auch wieder kirchlich beschränkten Essayband" (Mann 2003, 252). Im August des folgenden Jahres liest er das Buch genauer, und nun überwiegt seine Zustimmung: „Haecker ist ein katholischer Denker und starker Schriftsteller von etwas zelotischen Manieren. Aber obgleich er mich mehrmals hart (und mißverständlich) angreift, empfinde ich für seine christliche Humanität tiefe Sympathie (‚Was ist der Mensch?') und war bewegt von seiner mutigen Apologie des Geistes." Die Moral, die er für sich aus der Lektüre ableitet, faßt er in die Worte: „Das Bewußtsein meines Kultur-Christentums, das freilich ansteht, ‚gläubig' zu werden und sich der Offenbarung zu unterwerfen, ist in letzter Zeit sehr erstarkt." (l.c. 513). Deutlicher könnte ein Beleg für Haeckers Überzeugungskraft kaum sein. Haecker hatte übrigens die Unterscheidung, die der Romancier zwischen Kultur und Zivilisation macht, „eine echt ‚bürgerliche' Stupidität" genannt (Haecker 1965, 112).

Schärfsten Widerspruch erhielt Haeckers Traktat dagegen von Martin Heidegger, der sich darauf 1935 in der Vorlesung *Einführung in die Metaphysik* bezieht, ohne den Namen des Autors zu nennen. Sein Einwand, den er in einem überaus gereizten, geradezu verächtlichen Ton vorbringt, ist nicht ganz leicht zu verstehen, doch dürfte er im Kern folgendes besagen. Heidegger hat nichts dagegen einzuwenden, daß ein Autor ein Buch über das christliche Menschenbild schreibt, doch verurteilt er entschieden, daß der Titel des Buches eine Frage stellt, obwohl doch die Antwort von vornherein durch das katholische Dogma gegeben ist, der Titel also keine echte Frage enthält. Echt wäre im Sinne von Heidegger eine Frage nach dem Wesen des Menschen nur dann, wenn es in der Frage um die ungeklärte Beziehung des menschlichen Daseins zum Sein ginge. Jenes Fragen aber sei „ein Verfahren, das von vornherein jedes Recht verwirkt hat, ernst genommen zu werden". Und er resümiert: „Diese Art Schriftstellerei ist doch in sich gewichts- und bedeutungslos" (Heidegger 1976, 109).

Warum fertigt er aus der Höhe der angeblich einzig wahren Seinsphilosophie Haecker derart schroff ab? Wahrscheinlich deshalb, weil Haecker in seiner Schrift die Philosophie der radikalen Endlichkeit des Menschen, womit natürlich Heideggers *Sein und Zeit* gemeint, aber nicht namentlich genannt ist, ebenso verächtlich, aber sprachlich doch ein wenig eleganter abgefertigt hatte: „So ist alles Reden von endlichen Zielen, ohne den Ausblick und den Glauben des Christen, daß sie im Dienste eines einzigen unendlichen Zieles gesetzt sind, nämlich Gott Selber oder, für die Schöpfung gesprochen: der Rückkehr zu Gott – ein Reden vom Tode, ein Schreiben in den Sand, ob nun für Sekunden oder Tage oder Jahre, Jahrzehnte, Jahrhunderte, Jahrtausende, Jahrmillionen – das ist *dann* einerlei. Der Wind oder Sturm, der die Spuren *aller* endlichen Ziele verwischt und auslöscht, wird kommen." (l.c. 198).

Die Pointe dieses philosophischen Schlagabtauschs ist aber, daß man Heidegger, der eine christliche Philosophie als hölzernes Eisen verwirft, das gleiche vorwerfen kann, was er Haecker vorgehalten hat. Heidegger beginnt seine Vorlesung mit einer Frage, die er für die weiteste, tiefste und ursprünglichste Frage der Metaphysik hält: „Warum ist überhaupt Seiendes und nicht vielmehr Nichts?" Karl Löwith hat nun darauf aufmerksam gemacht, daß diese Frage nur sinnvoll gestellt werden kann, wenn man den christlichen Lehrsatz von der Schöpfung aus dem Nichts voraussetzt (Löwith 1960, 25). Das bedeutet aber, daß Heideggers Metaphysik eine unreflektierte und verschwiegene biblisch-christliche Grundlage hat.

Außerdem muß man daran erinnern, daß Heideggers Replik auf ein Buch, das die Staatsideologie des NS-Regimes im Namen des Ideals der Gerechtigkeit verurteilt, in einer Vorlesung erfolgt, in der die „innere Wahrheit und Größe“ der Philosophie des Nationalsozialismus gerühmt wird (Heidegger 1976, 152). Skandalös daran ist besonders, daß Heidegger dieses Lob auch in der späteren Publikation der Vorlesung (1953) nicht revidiert hat. Überdies hat er eine definitionsartige Erklärung der NS-Ideologie später hinzugefügt, dies jedoch nicht kenntlich gemacht (cf. Safranski 2009, 329).

(II.) Auch Haeckers Schrift *Der Christ und die Geschichte* (1935) fand ein Echo, das weit über das Jahr seines Erscheinens hinausreicht. Ohne irgendwelche Umschweife legt er in lapidaren Sätzen die Kernpunkte der christlichen Geschichtsauffassung dar. Er besteht darauf, daß nicht das menschliche Individuum Träger der Geschichte ist, sondern Gemeinschaften, und daraus folgt der Primat der politischen Geschichte, sie ist für ihn aber nicht unabhängig von der Wirtschafts- und Kulturgeschichte. Diese Ansicht der politischen Geschichte, wo es um Fragen der Machtausübung geht, die auf die Idee der Gerechtigkeit bezogen sein sollte, impliziert aber, daß die Macht an sich nichts Böses ist, wie Jacob Burckhardt behauptet hat. Doch unterstreicht Haecker mit allem Nachdruck, daß auch das Böse neben dem Herrn der Geschichte, nämlich Gott, und dem Menschen eine real existierende, wirkende Macht der Geschichte ist.

Haeckers Intention ist es, die Beziehung zu beschreiben, die zwischen der Heilsgeschichte, die notwendig universal ist, und den partikularen Geschichten der Staaten und Nationen besteht. Seine Einsichten in diesen Zusammenhang können manche Mißverständnisse beseitigen, die gewöhnlich mit den Grundsatzfragen des Historischen, mit der Hauptfrage nach dem Sinn der Geschichte verbunden sind: „Der Christ kann kraft der Offenbarung längst über den Sinn der Universalgeschichte, nämlich als der Rückkehr der Kreatur zu Gott, einigermaßen im klaren sein und zu gleicher Zeit in einem beängstigenden Dunkel sein über den partikularen Sinn der Geschichte einzelner Völker“ (Haecker 1965, 258). Das heißt aber nichts anderes, als daß er einräumt, daß man von einem profanen Standpunkt aus durchaus zu der Erkenntnis kommen kann, daß die Weltgeschichte ohne Sinn ist, und es heißt aber auch, daß er die These Theodor Lessings, den er nicht beim Namen nennt, ablehnt, daß die Geschichte Sinngebung des Sinnlosen sei (l.c. 276).

Obwohl er daran festhält, daß der einzelne Mensch nicht Träger der Geschichte ist, unterstreicht er andererseits, daß jeder Fortschritt in der Geschichte von einzelnen Individuen ausgeht. Wenn er gegen den kollektivistischen Sozialismus polemisiert, muß man im Auge behalten, daß er im Dritten Reich schreibt und mit seinen Worten so eindeutig, wie es in der Zeit der Diktatur nur möglich ist, auf den völkischen Nationalsozialismus zielt: „Der Individualismus ist ein Quellgebiet, ohne welches jeder Sozialismus zur öden Wüste wird, und das Individuum durch seinen Geist, seine Anstrengung, seinen Mut, sein Opfer macht das Fortschreiten der Völker und der Menschheit möglich." (l.c. 217)

Im vorigen Kapitel habe ich am Katechismus gerügt, daß er ohne Vorbehalt den mythischen Begriff des Schicksals übernommen hat. Dazu wäre mit den klärenden Worten Haeckers, der diesen Begriff den „obersten Begriff des abendländischen Heidentums" nennt, im einzelnen zu sagen: „Der Begriff des Schicksals ist die bequeme Vorwegnahme *aller* geschichtlichen Fakta als solcher, die radikale Leugnung der Freiheit des Willens und seiner Wirkung als Ursache, er ist eine Sehtäuschung, bedingt objektiv durch die Unabänderlichkeit des Getanen, des Geschehenen, des Faktums, und subjektiv durch die Trägheit des geistigen Sehens; er ist eine Fälschung des Seins und also auch der Geschichte, die das Sein voraussetzt. Das Schicksal ist eine Fälschung des Geheimnisses Gottes, in welchem Freiheit und Notwendigkeit zusammenfallen. Denn wenn Gott Seinem *Wesen* nach Schöpfer ist und also erster Wirker der Geschichte, so ist er es notwendig. Er ist es aber in vollkommener Freiheit." (l.c. 282ff.)

Haecker war sich wohl bewußt, daß sein Traktat höchst aktuell und brisant war. Nicht ohne Grund hat er im Juli 1942 den Studenten der *Weißen Rose* aus diesem Buch vorgelesen (Siefken 1989, 15).

Max Horkheimer hat den Traktat über die Geschichte 1936 ausführlich und mit einem gewissen Verständnis besprochen (cf. Quack 2013, 69ff.). Seine Rezension ist deshalb bemerkenswert, weil er hier, angeregt, durch Haeckers Schrift, Überlegungen über Sinn und Zweck der Religion anstellt, die dann für seine Spätphilosophie bestimmend wurden. Zunächst schreibt er anerkennend: „Durch die Klarheit des Gedankens und der Sprache, durch die Beschränkung auf das Wesentliche beweist diese kleine für breite Leserschichten bestimmte Schrift die Lebendigkeit des katholischen Gedankens." (Horkheimer 1968, 361) Er erklärt, „vor allem durch die ihm innewohnende Sehnsucht nach universaler Gerechtigkeit erweckt sein Wort Achtung, wenngleich es trügt." (l.c. 363). Denn was die Kritik angeht, so ist Horkheimer sich mit Karl Marx darin einig, daß die gesellschaftlichen Zustände so eingerichtet werden müßten, daß religiöse „Legenden" überflüssig würden. Anders aber als Marx hebt er hervor, daß damit wohl der gesellschaftliche Grund der Schwermut des Menschen, nicht jedoch der natürliche Grund dieser Schwermut beseitigt wäre, nämlich jene „metaphysische Trauer" des theoretischen Materialisten, der um die Vergänglichkeit des menschlichen Glücks wisse (l.c. 372). Und er formuliert hier einen Gedanken, den er in seinen letzten Jahren wieder aufnehmen wird: „Die ewige Wahrheit hat ohne Gott ebensowenig einen Grund und Halt wie die unendliche Liebe, ja, sie wird zum undenkbaren Begriff". Ohne seine materialistische Einstellung aufzugeben und ohne die Lehren des religiösen Glaubens anzuerkennen, schreibt er drei Jahrzehnte später: „Wahrheit als emphatische, menschlichen Irrtum überdauernde läßt aber vom Theismus sich nicht schlechthin trennen. [...] Einen unbedingten Sinn zu retten ohne Gott, ist eitel." (Horkheimer 1967, 227)

(III.) Was unser Thema angeht, so sei noch auf einige Punkte in Haeckers literarisch bedeutendstem Werk, den *Tag- und Nachtbücher 1939 – 1945*, hingewiesen: seine grimmige Polemik gegen „die deutsche Herrgottreligion", die Pseudoreligion des Hitlerismus, seine ethische Verurteilung des Dritten Reiches und seine Enttäuschung über die Haltung der Kirche gegenüber dem NS-Regime. Er hat die „politische Entmachtung der Kirche" vorausgesagt und diesen Zustand keineswegs bedauert (Haecker 1959, 236). Schärfer als die hier besprochenen Autoren, schärfer auch als später Rolf Hochhuth in seinem *Stellvertreter*, hat er das diplomatische Verhalten der Kirche gegenüber dem NS-Regime kritisiert. Er erwartete nämlich vom Papst als Nachfolger des Petrus nichts anderes, als daß er dem Hitler-Regime offen und kompromißlos Widerstand leisten und dem Apostel auch als Märtyrer nachfolgen würde, und wurde zutiefst enttäuscht (l.c. 137). Von größter politischer Bedeutung war seine dezidierte Klarstellung, daß man gegenüber diesem Staat nicht zur Treue verpflichtet sei (l.c. 82). Dies ist ein weiterer Punkt, in dem er der Staatsrechtslehre Carl Schmitts opponiert. Schon 1939 hat Haecker das Problem der Schuld der Deutschen an den Verbrechen ihres Landes aufgeworfen, das nach dem Krieg zu den lebhaftesten Diskussionen führen sollte.

Haecker war von der Wahrheit der Seinsphilosophie, der *philosophia perennis*, überzeugt und gerade deshalb hatte er ein geschärftes Sensorium für die intellektuelle Einstellung der Moderne, die auf Fortschritt und Entwicklung setzt. Er bestand darauf, daß das Wesen des Menschen prinzipiell unveränderlich ist, räumte aber eine relative Veränderlichkeit des Menschen ein. Er wußte, daß der moderne Mensch, der durch Zerrissenheit charakterisiert ist, nicht mehr der gleiche ist wie der mittelalterliche Mensch und daß man die Erkenntnisse eines Thomas von Aquin nicht unreflektiert auf die heutige Situation übertragen kann (l.c. 270). Sein Denken bestand hauptsächlich in dem Versuch, die geistigen Ursachen zu ergründen, die zur modernen Mentalität geführt haben, und seine Zeitdiagnose ist in dieser Hinsicht wiederum auch für jene Leser erhellend, die eine andere Weltanschauung haben.

Die *Tag- und Nachtbücher* (1947) kommen, was den literarischen Rang betrifft, Ernst Jüngers Kriegstagebuch *Strahlungen* (1949) durchaus gleich; was das philosophische Niveau angeht, sind sie den Denkbemühungen Jüngers sichtlich überlegen. Heinrich Böll ist von Haeckers Denken stark beeinflußt; wenn man diese Beziehung übersieht, wird man Bölls geistigen Standort kaum verstehen können. Titel und Motto seines Kriegsromans *Wo warst du, Adam?* (1951) stammen aus Haeckers Journal. Seine Ideen wurden aber am fruchtbarsten in den Schriften Sigismund von Radeckis. Er kannte den philosophischen Schriftsteller aus nächster Nähe: „Mit Theodor Haecker war ich während des Krieges fast jeden Tag zusammen." (Radecki 1957, 184) Was er über den christlichen Standpunkt schreibt – es bildet das Motto dieses Essays –, ist auf Theodor Haecker gemünzt (Radecki 1956, 149), es beschreibt auch Radeckis eigene Zentralperspektive und die Überzeugung der Romanciers und Essayisten, die ich hier besprochen habe.

Was die philosophische Bedeutung Haeckers angeht, so sei noch ein weiterer Aspekt erwähnt. Er hat mit allem Nachdruck, besonders in seiner postum veröffentlichten Schrift *Metaphysik des Fühlens* (1950), darauf bestanden, daß das Fühlen neben dem Denken und Wollen eine wesentliche Komponente des menschlichen Geistes ist. Damit hat er auf einen Sachverhalt aufmerksam gemacht, der gerade heute heftig umstritten ist. Denn in den gegenwärtigen Diskussionen über das Leib-Seele-Problem hat sich herausgestellt, daß es kaum möglich ist, die besondere Eigenart unserer subjektiven Erlebnisse, die Qualität des Fühlens, auf irgendeine Weise naturalistisch, im Rahmen einer physikalistischen Weltanschauung, auch nur annähernd plausibel zu erklären (cf. Quack 2013, 205ff.).

Bankrott des Christentums?

Alfred Döblin hat sein Religionsgespräch, *Der unsterbliche Mensch,* 1942, ein Jahr nach seiner Konversion zum Katholizismus, geschrieben und 1946 veröffentlicht. Darin behandelt er im wesentlichen zwei Kernfragen: Wie kann sich ein Bürger der aufgeklärten Moderne, der politisch aufgeweckt, sozial gesinnt und naturwissenschaftlich informiert ist, überhaupt noch mit der Religion abgeben? Und: Wie kann sich ein vernünftiger Mensch heute, in den Jahren des Krieges, der Massenschlächterei und der grausamsten Judenverfolgung, in einer Zeit, die offensichtlich bewiesen hat, daß das Christentum auf der ganzen Linie der Menschlichkeit versagt hat, noch zum christlichen Glauben bekennen?

Die ganze erste Hälfte seiner Schrift verwendet er darauf, die prinzipiellste Frage jeder Religion, die Frage nach der Existenz Gottes, zu beantworten. Sein Argument besagt, daß Welt und Mensch nicht aus sich selbst existieren, und es deshalb nicht unvernünftig ist, einen jenseitigen Grund ihrer Existenz anzunehmen. Döblin bringt den feinen Einwand vor, daß in einem Disput nicht nur der Gläubige, sondern auch der naturalistisch eingestellte Skeptiker seinen Standpunkt mit Argumenten zu rechtfertigen habe. Diese Regel, die in heutigen Kontroversen über den Glauben oft vergessen wird, macht das Gespräch erst zu einem rationalen Diskurs. Für Döblin besteht zwischen Glauben und Vernunft kein Gegensatz: „Wollten wir übrigens die Religion rational machen? Aber wer wird Religion und Ratio gegenüberstellen? Die gewöhnliche Ratio befaßt sich mit einem Ausschnitt der Welt, wir mit der Welt im ganzen. Die Ratio ist dieselbe, da und dort." (Döblin 1980, 282) Im zweiten Teil bespricht er das erste Dogma des christlichen Glaubens, die Menschwerdung Gottes und den Opfertod Christi, und was sich dadurch für Welt und Mensch geändert hat.

Döblin will in diesem Buch, was den Glauben betrifft, natürlich nichts Neues sagen, er hat aber manches Überlieferte durchaus neu und originell gesagt. Dabei kommen zwei Gesichtspunkte zum Vorschein, die für seine geistige Physiognomie kennzeichnend sind. Zunächst wäre eine Art metaphysischer Trauer zu nennen, das Bewußtsein, daß der Mensch sich nicht mehr in dem vollkommenen Zustand befindet, der ihm zukam, als er erschaffen wurde. Gemeint sind die Folgen der Erbsünde, das moralische Übel oder das Böse. Es gibt wohl kaum einen zeitgenössischen Autor, der plausibler erklärt hätte, wie dieses dornige Problem auszubuchstabieren ist, als Döblin. Zweitens bekräftigt er die Überzeugung, daß der christliche Glaube nicht als das Programm eines profanen oder politischen Messianismus, einer innerweltlichen Utopie, aufzufassen ist.

Damit aber hat er den Einwand widerlegt, in Anbetracht der katastrophalen Lage der gegenwärtigen Welt müsse man von einem „Bankrott des Christentums" sprechen. Sein Gegenargument lautet, daß der Vorwurf auf einer Illusion beruhe; denn Christus habe nicht „versprochen, den Jammer der Welt zu beseitigen" (l.c. 185). Vielmehr gilt: „Die Lehre Christi will nicht, wie die Jünger so lange annahmen, ein irdisches Ziel, noch will sie die mystische Entrückung des Menschen in den Himmel. / Demnach kann man nicht davon sprechen [...], daß das Christentum versagt und bankrott gemacht hätte. Sie sollten aber, lieber Freund, aus dem lange widerstrebenden Verhalten der Jünger ersehen, daß die Menschen immer etwas Illusionäres wollen, das sie aus ihrer Not befreien solle [...] Aber so leicht wird es ihnen nicht gemacht." (l.c. 194).

Es versteht sich von selbst, daß diese Klärung ein soziales Engagement der Christen nicht ausschließt. Im Gegenteil, Döblin hat – ebenso wie Chesterton, Radecki und Haecker – die Ungerechtigkeit und Inhumanität des ungezähmten Kapitalismus immer auf das schärfste verurteilt. Gesellschaftskritik ist ein integrales Moment seines gesamten Werkes.

Döblins Religionsgespräch wurde von Eugen Kogon und Reinhold Schneider geradezu enthusiastisch begrüßt. Schneider rühmt vor allem, daß es sich bei dieser Diskussion wirklich um ein Gespräch handelt, in dem der Sprecher des Glaubens die Einwände und Argumente des naturwissenschaftlich eingestellten Opponenten wirklich ernst nimmt: „Er hat sich die höchste Vorstellung vom Menschenwert errungen [...]; er hat die Sprache gelernt – sich zu der Sprache beschieden, die seine Botschaft zum Geblendeten trägt und mit ihm auf Du und Du zu reden vermag." (Schneider 1946, 895) Über das Echo seiner Schrift schreibt Döblin 1952 in einer Selbstanzeige: „Ein religiöser Band ,Der unsterbliche Mensch' wurde beachtet und gelesen und hat, wie ich höre, eine gute Wirkung geübt." (Döblin 2010, 171)

Die religiöse Auffassung hatte Döblin als eine Perspektive beschrieben, die die Welt im ganzen erfassen können sollte. Die gleiche Intention leitet ihn, wenn er versucht, den Begriff des Menschen im christlichen Sinn zu bestimmen. Die Hauptfrage des Hamlet-Romans lautete: „Wer ist der Mensch?". Im Roman beantwortet er diese Frage in ethischer Hinsicht, indem er die Freiheit und Verantwortung des Menschen herausstellt. In dem Essay *Unsere Sorge der Mensch* (1948) nimmt er die Frage wieder auf und beantwortet sie, indem er die religiösen Aspekte des Menschenbildes betont.

Im Unterschied zu Haecker, der ebenfalls das unverkürzte Bild des Menschen beschreiben will, untersucht Döblin ausführlich die Bedingungen, die für den Menschen als Naturwesen und als gesellschaftliches Wesen bestimmend sind. Der Mensch ist als Naturwesen für das Leben nicht so gut ausgerüstet wie die Tiere. Der Mensch ist ein gesellschaftliches Wesen, ihm fehlt aber die dazu geeignete Kollektivvernunft, die einige Tierarten haben. Er besitzt nur eine individuelle Vernunft, er hat an die Gesellschaft wichtige Funktionen abgegeben, so daß der einzelne Mensch fragmentiert erscheint und gleichsam als „Ichsplitter" existiert (Döblin 1948, 10; cf. Quack 2011, 203). Er repräsentiert nicht mehr den Menschen im ganzen – hier orientiert sich Döblin bis in die Wortwahl hinein an Hölderlins Scheltrede gegen die Deutschen im zweiten Buch des zweiten Bandes von *Hyperion* (Hölderlin 1965, 636). Döblin sieht die Aufgabe darin, die „Ganzheit" des Menschseins wiederherzustellen, was wiederum an einen existenzphilosophischen Gedanken Martin Heideggers in *Sein und Zeit* erinnert, dessen Frage auf das „Ganzsein-können" des menschlichen Daseins zielt. Die Antwort des Philosophen lautet, daß der im eigentlichen Sinne existierende Mensch nur ganz sein könne, wenn er seine Endlichkeit, den bevorstehenden Tod, mitbedenkt und existentiell vorwegnimmt (Heidegger 1979, 266f.; 302). Von Heidegger, der strikt in den Grenzen der säkularen Vernunft denkt, unterscheidet sich Döblin aber dadurch, daß im Rahmen der christlichen Vorstellungswelt argumentiert.

Wenn er an der zitierten Stelle vom Menschen schreibt: „Er trägt […] ein hohes feierliches Bild vom Menschen von Anbeginn in sich", dann nimmt er den Gedanken aus dem Religionsgespräch wieder auf, daß der Mensch als vollkommenes Wesen geschaffen wurde, diese Vollkommenheit aber durch eigenes Verschulden eingebüßt hat, so wie er auch den jetzigen „Zustand der Welt und ihren finsteren Charakter herbeigeführt" habe (l.c. 45). Er führt den Gedanken des Religionsgesprächs weiter aus, daß der Mensch Person sei: „Als Person tritt der Mensch aus dem Naturreich heraus", und er expliziert: „In einer tiefen Ebene hinter der Natur beheimatet, bildet die Person die Brücke zwischen Urgrund und Mensch" (Döblin 1980, 138; 159).

Schließlich sei noch erwähnt, daß Döblin an diesen Gedankengang auch in seinem programmatischen Vortrag vor der Mainzer Akademie anknüpft, in dem er über die „Dichtung, ihre Natur und ihre Rolle" (1950) nachdenkt. Nur im Kontext der erwähnten Ideen wird überhaupt verständlich, was Döblin meint, wenn er den Dichter als „Sprecher, allgemeine Stimme des Menschen" charakterisiert und erklärt, der Dichter sollte gegenüber der gesellschaftlich-politisch oder wissenschaftlich beschränkten Perspektive des Bürgers das unverkürzte Bild des ganzheitlichen, nichtentfremdeten Menschen zur Geltung bringen (Döblin 1989, 496).

Döblins Vortrag scheint nicht ohne Wirkung geblieben zu sein. Denn sein Akademie-Kollege Hans Erich Nossack übernimmt in einer späteren Rede (1974) seine Worte, wenn er der Literatur die elementare Aufgabe zuschreibt, „Stimme des Menschen" zu sein (Nossack 1997, 246).

Christliche Wurzeln der Moderne

Sigismund von Radecki (1891-1970) war als Ingenieur tätig gewesen, bevor er Schriftsteller wurde. Sein ursprünglicher Beruf erklärt, warum seine Essays, im Gegensatz zum impressionistischen Feuilletonismus der Berliner und Wiener Schule, von unerschütterlicher Sachlichkeit und Nüchternheit sind. Er war ein Räsoneur der technischen Umwelt und nahm häufig die wissenschaftlich-technischen Phänomene unter die Lupe, die den modernen Alltag bis ins letzte Detail bestimmen (cf. Quack 2008). Er sah sich die unscheinbaren Dinge unserer Lebenswelt genau an, um ihren tieferen Sinn zu ergründen. Er beschreibt sein Verfahren selbst mit einer bezeichnenden Metapher, wenn er einmal von dem „Versuch" spricht, „ auch auf einem Gemeinplatz einen Brunnen zu erbohren" (Radecki 1956, 322).

Man übertreibt nicht, wenn man behauptet, daß er zeit seines Lebens über Funktion, Sinn und Zweck der Maschine nachgedacht hat. Fast jeder seiner fünfzehn Essay-Bände enthält mindestens einen Beitrag zum Thema, und zusammen enthalten diese Aufsätze eine kleine Theorie der Maschine: „Zwei Dinge also machen das Besondere der modernen Maschine aus: ihr Automatismus und ihre abstrakte, auf alles anwendbare Energie-Erzeugung" (l.c. 308). Ihren Vorteil sieht er darin, daß sie dem Menschen manche sinnlose Arbeit erspart, ihren verheerenden Nachteil aber sieht er darin, daß sie den Menschen zum Bediener des Fließbands degradiert und ihn damit zur entfremdeten Arbeit verurteilt hat. Ein weiterer Schaden besteht darin, daß die Menschen von den Automaten, die ihm auf Schritt und Tritt begegnen, abhängig gemacht werden. Was er über die „Psychologie des Automaten" schreibt, ist mehr als ein witziges Feuilleton, nämlich ein informatives Gedankenspiel, das zum Problemkreis der heute so genannten Philosophie des Geistes gehört (Radecki 1954, 271ff.). Hier wird häufig das Gehirn nach dem Modell des Computers beschrieben. Radecki aber fragt: Wie sieht das Charakterbild des Automaten aus, wenn man dieser Maschine menschliche Eigenschaften zuschreibt?

Texttheoretisch von Belang sind auch in der Zeit des Computers und der digitalen Textverarbeitung noch seine Reflexionen über die Schreibmaschine; sie enthalten die treffendste phänomenologische Beschreibung der prinzipiellen Schwierigkeiten, die das technische Mittel, mit dem die Niederschrift vorgenommen wird, dem sprachlichen Gedankenausdruck entgegenstellt (Radecki 1958, 203ff.). Radecki war der erste Denker, der erkannte, daß hier überhaupt ein Problem vorliegt.

Er war überzeugt, daß die Religion ein mächtiger, nicht zu unterschätzender Faktor der gesellschaftlichen Entwicklung ist – eine alte Wahrheit, an die wir heute durch die Konfrontation mit der islamischen Welt wieder erinnert werden. Wie Haecker verdolmetschte er auch immer wieder für seine Zeitgenossen in verständlicher Sprache die elementaren Lehrsätze seines Glaubens; ich habe dafür einige Beispiele angeführt.

Wie Haecker ist er auch der Ansicht, daß die Kultur der Moderne alles andere als christlich ist. Doch liegt ihm daran nachzuweisen, daß wesentliche Komponenten der modernen Kultur auf christliche Ideen zurückgehen. In einem seiner gehaltvollsten Essays, dem Aufsatz „Über die Freiheit", leitet er den modernen Freiheitsbegriff des politischen Liberalismus von religiösen Ideen des Protestantismus her, hebt aber auch hervor, daß „die ersten europäischen Parlamente von den Konventen der Pyrenäenklöster des Frühmittelalters" abstammen (Radecki 1957, 348). In einem ähnlichen historischen Rückblick, „Der Mensch und die Arbeit", betont er, daß das moderne Arbeitsethos, das der antiken Sklavenwirtschaft vollkommen fremd war, christlichen Ursprungs ist und wir „unseren Arbeitsstolz vom Mittelalter geerbt" haben. Wie er hinzufügt, lasse sich daraus aber nicht folgern, daß wir „in einer sehr hohen Kulturzeit" lebten; man könne heute „allenfalls von einer großen Zeit der Wissenschaft" sprechen (Radecki 1956, 307). Zwischen christlichem Glauben und wissenschaftlicher Forschung kann er aber keinesfalls sich ausschließende Gegensätze erkennen. Er weist vielmehr nach, daß sich prähistorische Erkenntnisse und die Evolutionstheorie des Neo-Darwinismus durchaus mit der christlichen Schöpfungslehre vereinbaren lassen (Radecki 1957, 320ff.).

Der bedeutsamste Essay in kulturgeschichtlicher Hinsicht, die uns hier interessiert, handelt von „Christentum und Technik". Darin begründet er die These: „Unsere moderne Technik hätte nicht ohne das Christentum entstehen können" (Radecki 1956, 238). Er kommt auf den christlichen Ursprung der Wertschätzung der Arbeit zurück und zeigt die Folgen auf, die sich daraus ergaben, daß mit dem Christentum „die Stellung des Menschen zur Natur von Grund aus" geändert wurde. Erst jetzt konnten Natur und Übernatur, Naturgesetz und Wunder scharf unterschieden werden (l.c. 239). In der Theologie wurden Methoden der genauesten Begriffsbestimmungen und des zweifelnden Denkens, Vorstufen des systematischen Überlegung der modernen Wissenschaft, entwickelt: „Der christliche Zweifel ist es, welcher, als wirkendes Prinzip eingesetzt, die moderne exakte Wissenschaft hat entstehen lassen." (l.c. 242)

Ich habe hier vor allem die produktiven Einsichten von Chesterton, Haecker, Döblin und Radecki referiert. Daß manches in ihren Schriften zeitbedingter Irrtum ist, braucht nicht eigens betont zu werden. Aber auch ihre Irrtümer und Fehleinschätzungen sind von der Art, daß man daraus lernen kann, wenn man sich mit ihnen auseinandersetzt.

Schließlich sei noch hinzugefügt, daß die Kritik der modernen Kultur, die diese Schriftsteller leidenschaftlich übten, sie keineswegs zur Ablehnung der Moderne geführt hat, die ja kein eindeutiges Phänomen ist, sondern ein recht kompliziertes Ideen- und Tatsachengeflecht. Ihr historischer Sinn war zu stark entwickelt, als daß sie dieses Phänomen als ganzes hätten verwerfen können. Julien Green berichtet einmal von einem Gespräch mit einer Bekannten, wo es um die Frage ging, ob die alten Bußübungen für Christen heute noch zeitgemäß seien: „Elle croit que la vie moderne est en soi une pénitence probablement suffisante." (Green 87: Sie glaubt daß das moderne Leben an sich wahrscheinlich Buße genug sei.) Auf Vorstellungen von einer derart feinsinnigen, raffinierten Frömmigkeit haben die hier besprochenen Essayisten keine Gedanken verwendet.

Die Schriften von Radecki, Döblin, Haecker und Chesterton zeichnen sich durch Ernst und Entschiedenheit aus, durch das wachste Problem- und Aktualitätsbewußtsein und nicht zuletzt durch die höchste Achtung vor der Sprache, durch Eigenschaften, die man in den oben besprochenen kirchlichen Texten vergeblich sucht. Deshalb habe ich die Essays erwähnt und um zu zeigen, daß sie in vorbildlicher Form Dinge behandeln, die auch uns noch etwas angehen.

Ausblick

Warum gibt es heute keine christliche Literatur von Rang mehr? Die Frage läßt sich gewiß nicht befriedigend beantworten. Doch kann man darüber ein paar Vermutungen anstellen, die einer Antwort vielleicht nahekommen. Christliche Dichtung, so hatten wir gesagt, ist zwei Normensystemen verpflichtet. Sie sollte den Idealen des ästhetischen Bezugssystems und den Idealen des religiösen Bezugssystems entsprechen. Es kennzeichnet nun die gegenwärtige Situation, daß uns die Literatur unserer Zeit kaum noch etwas zu sagen hat und daß das Christentum sich in einer tiefen Krise befindet. Sowohl die Kunst als auch die Religion verharren in einem Zustand, den man kaum als besonders lebendig bezeichnen kann. In den geistigen Auseinandersetzungen dieser Jahre spielt die Literatur überhaupt keine, das Christentum nur eine nebensächliche Rolle. So kann es nicht verwundern, daß es heute auch keine nennenswerte, an christlichen Idealen orientierte Literatur gibt.

(I.) Das Christentum ist in der säkularen Gesellschaft zu einer Größe geworden, die man vernachlässigen kann. Es hat in seiner jetzigen Gestalt die Kraft verloren, geistig interessierte Menschen ansprechen zu können. Der „selbstverschuldete Niedergang der Kirchen" (K. Popper) ist oft beschrieben worden, so daß ich mich hier mit einigen Stichworten begnügen kann.

Da wir es mit künstlerischen Dingen zu tun haben, muß man zunächst beachten, daß von dem Impuls der liturgischen Bewegung, der in der Mitte des letzten Jahrhunderts wirksam war, schon lange nichts mehr zu spüren ist. Im Gegenteil, heute herrscht in den religiösen Feiern meist eine Stil- und Formlosigkeit, die oft genug ins Alberne abgleitet. Die Grenze zwischen der sakralen und der profanen Sphäre wurde vielfach eingeebnet. Der Sinn für das Sakrale ist verlorengegangen. Selbst außenstehenden Beobachtern ist aufgefallen, daß mit der modisch aktualisierten religiösen Feier etwas nicht stimmen kann. So schreibt etwa Adorno, sich auf Kierkegaard beziehend: „Zur Wahrheit wollte er nicht derart verführen, daß man Jazz im Gottesdienst spielt, damit es den jungen Leuten nicht zu langweilig wird. Das heute beliebte Wort Kurzandacht ist wie ein Kierkegaardscher Alptraum." (Adorno 1979, 255f.) In unseren Tagen werden von einigen Kirchengemeinden tatsächlich „Minigottesdienste" angeboten.

Mindestens ebenso verheerend ist, daß mit der Verbannung des Lateinischen, mit dem alleinigen Gebrauch der Landessprachen eine Nationalisierung der katholischen Kirche stattgefunden hat – was dem übernationalen

Wesen des Katholischen eklatant widerspricht. Damit hängt das Programm der „Inkulturation" zusammen, das auch in anderer Hinsicht zu einer Nationalisierung der Kirche führte. Es sieht vor, daß nationale Kirchen eingerichtet werden, die über eine begrenzte Autonomie verfügen (Balthasar 1986, 15).

Die Liturgiereform ist nun schon seit einigen Jahrzehnten in Kraft. Ihre verheerenden Folgen hat niemand schärfer gerügt als Martin Mosebach. Über den von ihm geschätzten traditionellen, lateinischen Ritus hat er manches Kluge und Erhellende gesagt, aber auch manches, was nicht überzeugen kann (Mosebach 2003). Es ist durchaus verständlich, daß er angesichts der Lässigkeit, mit der häufig Gottesdienste gefeiert werden, das Moment des zeremoniellen Kultes, ein Erbe der natürlichen Religion, gelegentlich überbetont. Doch ist es alles andere als verständlich, daß er den Ritus bisweilen im Sinne einer mystizistischen Esoterik ausdeutet, die die christliche Glaubenslehre in einem falschen Licht erscheinen läßt. Es ist nicht zu überhören, daß er sich als Eingeweihter betrachtet und sich allzu gewandt eines Insiderjargons bedient, mehr noch: Für seine Ausdrucksweise ist charakteristisch, daß er zentrale Begriffe des Glaubens metaphorisch-spielerisch umdeutet, um seine Ausführungen interessant zu machen. Das Interessante oder das Geistreiche ist aber keine religiöse, sondern eine ästhetische Kategorie.

Um nicht mißverstanden zu werden, sei betont, daß die Auffassung, daß die liturgischen Riten und Zeremonien in einem gewissen Sinn künstlerische Qualitäten aufweisen, an sich keine ästhetizistische Sichtweise ist. Sie ist nur dann ästhetizistisch, wenn man an den religiösen Riten nur ihre künstlerisch-formale Qualität wahrnimmt und ihre religiöse Intention übersieht oder für bedeutungslos hält.

Hier sei an das Wort des Thomas von Aquin erinnert, daß die „Festlichkeit, die im Vollzug der Sakramente aufgeboten wird", dazu dient, „in denen, welche die Sakramente empfangen, Andacht und Ehrfurcht zu wecken" (Zitat bei Pieper 1956, 147). Bei Mosebach hat man gelegentlich den Eindruck, daß er die angemessene Feierlichkeit der Liturgie als das Entscheidende oder als Selbstzweck betrachtet, während sie doch nur eine dienende Funktion hat. Richtig ist aber die Beobachtung, daß in der heutigen liturgischen Praxis, wie sie weithin üblich ist, der Sinn für die rechte Feierlichkeit verlorengegangen ist – diese Übung vermag kaum noch Andacht und Ehrfurcht bei den Gläubigen zu wecken, und diese Zustände sind wohl auch ausschlaggebend dafür, daß immer weniger Leute an den trivialisierten Gottesdiensten teilnehmen.

Kaum zu billigen ist jedoch die Art und Weise, wie Mosebach die Kernbegriffe des Christlichen handhabt. Er nennt etwa die Vorfahren im Stammbaum Jesu „Inkarnationen" (l.c. 143), was alles Mögliche bedeuten kann, aber gewiß nicht dem christlichen Gebrauch des Begriffs entspricht. Auch redet er von „Transsubstantiation", um den Übergang eines Menschen vom Leben zum Tod zu bezeichnen (l.c. 162), was dem ursprünglichen, thomistisch geprägten Sinn von Transsubstantiation diametral entgegengesetzt ist. Mit diesem Begriff beschreibt man den Vorgang der Wandlung, bei dem die Erscheinungsweise von Brot und Wein erhalten bleibt, ihre Substanz oder ihr inneres Wesen aber durch eine andere Substanz ersetzt wird. Beim Tod eines Menschen ändert sich die äußere Erscheinungsweise radikal, der Leib stirbt ab, während die Seele, nach christlicher Auffassung, als die formgebende Substanz des Menschen weiterlebt.

Schließlich hat Mosebach in einer Rede über Walter Kempowski dessen politisches Verhalten nach dem Krieg, das dem Romancier in der Sowjetzone acht Jahre Haft einbrachte, eine „glückliche Schuld" genannt, weil sie den Autor in der Folge zu einem beachtlichen Werk motiviert oder angeregt habe (Mosebach 2011, 167f.). Eine glückliche Schuld wird aber in einem Hymnus der Osternacht die Sünde Adams genannt, weil sie das Heilsgeschehen ursprünglich in Gang brachte: „O certe necessarium Adae peccatum, quod Christi morte deletum est! O felix culpa, quae talem ac tantum meruit habere Redemptorem!" (Schott 1940, 348: O wahrlich liebenswürdige Sünde Adams, die durch Christi Sterben getilgt ward! O glückliche Schuld, die einen so großen, so erhabenen Erlöser zu erhalten verdiente.) Wer diesen Zusammenhang durchschaut, den Mosebach nur andeutet, aber nicht näher beschreibt, kann seinen wortspielerischen Vergleich nur für geschmacklos halten, für die leichtfertige Profanierung eines ernsten Gedankens. Es läßt sich nicht anders sagen, als daß diese Art einer erbaulichen Geistreichigkeit reiner Feuilletonismus ist.

Wenn man bedenkt, daß sich schon Thomas von Aquin in seinem Traktat über die Menschwerdung, in aller Ehrfurcht, auf den Hymnus von der *felix culpa* berufen hat (S. th. III, 1, 3, ad 3), erscheint einem Mosebachs Vergleich vollends absurd und widersinnig.

Bemerkenswert an der Verfallsgeschichte der Liturgie, die hier ja nur als ein Beispiel für den selbstverschuldeten Niedergang der Kirche angeführt wird, ist aber, daß führende Vertreter der Kirche das Problem durchaus klar erkannt haben, daß sie aber machtlos sind, die Entwicklung in ihrem Sinn zu steuern. Dieser Befund ist ein Beleg für die allgemeine Erkenntnis, daß es relativ leicht ist, eine kulturelle Tradition aufzugeben, aber außerordentlich schwierig, eine neue Tradition zu begründen. Denn jedes geschichtliche Handeln hat unbeabsichtigte Nebenfolgen, die sich unserem Willen entziehen.

Joseph Kardinal Ratzinger hat beklagt, daß infolge der mißglückten Liturgiereform „abenteuerliche Spielereien" geduldet würden und die Rolle des Priesters derart sich änderte, daß er zum „Showmaster" werden konnte (Ratzinger 1997, 187ff.). Das einzige aber, was Ratzinger dann als Papst erreichen konnte, war, daß er die Feier des alten Ritus großzügig erleichterte. An der Tatsache, daß der neue Ritus weithin ins Banale abgesunken ist, hat er nichts ändern können.

Am erstaunlichsten ist jedoch das folgende. Ratzinger hat auch erkannt, daß es bei der Art und Weise, wie die liturgische Tradition reformiert wurde, bei dem Verbot des alten Ritus, um mehr ging als um eine Änderung religiöser Feiern. Es stand nicht weniger auf dem Spiel als die Autorität der Kirche, die durch die von ihr verordnete Reform ihre Glaubwürdigkeit einbüßte: „Eine Gemeinschaft, die das, was ihr bisher das Heiligste und Höchste war, plötzlich als strikt verboten erklärt und das Verlangen danach geradezu als unanständig erscheinen läßt, stellt sich selbst in Frage. Denn was soll man ihr eigentlich noch glauben? Wird sie nicht morgen wieder verbieten, was sie heute vorschreibt?" (l.c. 188) Klarer könnte man nicht zum Ausdruck bringen, daß die katholische Kirche in einem zentralen Aspekt ihren Niedergang selbst verschuldet hat. Wir haben gesehen, daß Heinrich Böll schon zwanzig Jahre früher zu dieser Einsicht gekommen ist.

Ratzinger hat auch einen weiteren Grund für die Misere seiner Institution erkannt und eine „Teilschuld" auf ihrer Seite eingeräumt: „Zum einen finden wir nicht die Sprache, um uns im gegenwärtigen Bewußtsein auszudrücken" (l.c. 181). Auch hat er so deutlich, wie es ihm in seinem Amt möglich war, festgestellt, daß die Einheitsübersetzung ungeeignet ist für eine ernsthafte Bibellektüre – ein vernichtendes Urteil. Meines Erachtens ist die unselige Einheitsübersetzung der größte Fehler, den die Amtskirche hierzulande in den letzten Jahrzehnten gemacht hat.

Was die Kritik an der Institution der Kirche angeht, so ist es nützlich, an den „Brief über die Kirche" von Ida Friederike Görres zu erinnern, der nach dem Krieg großes Aufsehen erregte, weil er haarsträubende Zustände des katholischen Milieus zur Sprache brachte. Es ist da vielfach von den gleichen sprachlichen und intellektuellen Defiziten die Rede, die uns heute nur zu bekannt sind. Auch Görres spricht schon von „nichtssagenden Hirtenbriefen", von einer Seelsorge und einem Religionsunterricht, die den Namen nicht verdienen, von „dem krassen Versagen" des Klerus, der seine Amtspflichten skandalös vernachlässigt, und der „Selbstverständlichkeit, mit der das Zölibat mißachtet wurde" (Görres 1946, 722f.). Görres ist aber nüchtern genug, um festzustellen: „Als ob die Kirche jemals ohne ‚Mißstände' wäre oder auch nur sein könnte!" (l.c. 719). Allerdings ist sie dennoch überzeugt, daß der Geist der christlichen Lehre immer noch lebendig sei, um hoffen zu können, daß sich die Dinge zum Besseren wenden ließen. Von einer solchen Zuversicht wird man heute aber kaum sprechen können.

Bezeichnend dafür ist die Situation der Theologie. In der Mitte des 20. Jahrhundert wurden die Stimmen von Karl Barth, Dietrich Bonhoeffer, Romano Guardini oder Karl Rahner nicht nur in akademischen Fachkreisen gehört, ihr Wort bestimmte das kulturelle Bewußtsein jener Jahre entscheidend mit. Heute finden in der größeren Öffentlichkeit praktisch nur zwei Theologen Beachtung: Joseph Ratzinger und Hans Küng. Beide sind hochbetagt, keinem jüngeren Theologen ist es gelungen, sich einen Namen zu machen, der über den universitären Zirkel hinausgedrungen wäre. Ratzinger verdankt das weltweite Ansehen hauptsächlich seinem Amt und weniger der Substanz seiner Schriften. Als Theologe hat er nicht das Format eines Rahner, seinem Denken fehlt das philosophische Fundament und eine tragende begriffliche Struktur (cf. Haag 2005, 89f.). Seine Auseinandersetzung mit der Philosophie ist nicht sehr tiefgründig; dagegen hat seine Jesus-Monographie als offiziöse Bibelinterpretation nicht nur dokumentarischen Wert, sie bringt den religiösen Sinngehalt der Evangelien klar und verständlich zum Ausdruck.

Küng wird beachtet, weil er eine durchaus zweideutige Haltung einnimmt, wie der philosophische Religionskritiker Hans Albert treffend schreibt: „Küng gehört ohne Zweifel zu den Denkern, deren Medienpräsenz mit der Qualität ihrer Arbeiten nichts zu tun hat. Da sie bestimmte Aspekte dessen repräsentieren, was man den ‚Zeitgeist' zu nennen pflegt, sind sie in der Lage, den Markt mit Produkten ihrer literarischen Tätigkeit zu überschwemmen, die bei den Konsumenten dieser Produkte den Eindruck hervorrufen, sie hätten es mit soliden Ergebnissen gründlichen Nachdenkens zu tun. Küngs Stellung am Rande seiner Kirche verschafft seinen Arbeiten natürlich eine besondere Resonanz. Wäre er ein protestantischer Theologe, so würde er mit seinen Thesen im Meinungschaos dieser Kirche kaum auffallen." (Albert 2007, 124f.)

(II.) Was die Situation der Literatur in unserer Zeit angeht, so läßt sich auch von ihr wenig Rühmendes sagen. Die bedeutendsten christlichen Romane, die ich besprochen habe, sind in den 1930er und 1940er Jahren entstanden, zu einer Zeit, als die moderne Literatur in hoher Blüte stand und das Christentum auf Intellektuelle eine starke Anziehungskraft ausübte. Einige Schriftsteller, die ich erwähnt habe, waren Konvertiten, die die Gabe besaßen, ihrem Glauben literarisch Ausdruck zu geben. In unseren Breiten verharrt die Literatur seit Jahrzehnten in einer epigonalen Phase, um eine klägliche Sache schonend zu beschreiben. Es gibt keine zeitgenössische Literatur von vitaler Bedeutung, und es kann nicht verwundern, daß in dieser Situation auch keine christlich engagierten Romane von überragender Bedeutung das Licht der Öffentlichkeit erblickt haben.

Gewiß erscheinen immer wieder auch Romane mit christlicher Tendenz, die beim Publikum und bei der Kritik Anklang finden. Doch kann man sie kaum, was Erzählkunst und intellektuelle Substanz angeht, mit den Werken eines Döblin oder Bernanos auf eine Stufe stellen. Sie haben bei weitem nicht die gesellschaftliche Bedeutung erlangen können, die die hier besprochenen Werke Bergengruens, Reinhold Schneiders oder Heinrich Bölls erlangt hatten. Auch gibt es heute keine Erzählung, die, wie die erwähnten Geschichten Schapers, zu einem vielgelesenen Klassiker der christlichen Literatur geworden wäre.

Ich möchte nur einen Roman aus der jüngsten Zeit erwähnen, der ein religiöses Thema behandelt: *Der verirrte Messias* (2009) von Peter Henisch. Bemerkenswert an diesem Buch ist, daß es einen gewissen Anklang beim Publikum fand und auch von der Kritik mit einigem Lob bedacht wurde, obwohl das Werk unübersehbar sowohl formale Schwächen als auch konzeptionelle Ungereimtheiten aufweist. In einer leidlich lesbaren, etwas kurzatmigen Prosa wird von einem Immigranten aus der ehemaligen Sowjetunion erzählt, der, die Bibel lesend, sich mit Jesus identifiziert, Wundmalen an Händen und Füßen bekommt, schließlich mit dem Vorsatz nach Israel reist, dort als Messias aufzutreten. Seine Gedanken bestehen aus einer trüben Mischung von Tiefenpsychologie, Esoterik, jüdischer Mystik und einem modisch zurechtgemachten, sprich: trivialisierten Jesusbild: Jesus hat leibliche Geschwister, unterhält eine Liebesbeziehung mit Maria Magdalena, wird vorzeitig vom Kreuz abgenommen und heimlich per Schiff nach Rom gebracht. Der Mann nennt sich Michail Myschkin, er hat den gleichen Familiennamen wie die Hauptperson in Dostojewskis Roman *Der Idiot.* Doch ist er trotz des Namens keine authentische Dostojewski-Figur, da Henisch, um nur einen Punkt zu nennen, unter Krankheit etwas anderes versteht als Dostojewski.

Die zweite Hauptperson ist eine skeptische Literaturkritikerin, die Myschkins Annäherung als „spirituelle Belästigung" empfindet und sich aus unerfindlichen Gründen dennoch in ihn verliebt. Sie schlägt ihm vor, er solle seine Zwangsvorstellungen als „Literatur" betrachten – was natürlich seine geistige Situation kaum zureichend erklären würde. Er selbst versucht schließlich, sich seinen Zustand mit Hilfe eines Theorems von Kierkegaard zu erklären: Danach wäre er deshalb verzweifelt, weil er nicht er selbst sein will.

Von einem rationalen Standpunkt aus gesehen, müßte man den „verirrten Messias" einen geistig verwirrten Messias nennen. Seine Ideen entsprechen der gegenwärtigen esoterischen oder spirituellen Mode, die man kaum ernstnehmen kann. Reizvoll ist allenfalls der Versuch, die Verhältnisse in Palästina um die Zeitenwende realistisch auszumalen. Dagegen hat Henisch es unterlassen, das Problem der persönlichen Identität, auch ein beliebtes Modethema der Gegenwartsliteratur, begrifflich angemessen darzustellen. Zugute halten muß ihm jedoch, daß auch er erkannt hat, daß das Wort „holocaust", eine religiöse Kategorie, völlig ungeeignet ist, um die Vernichtung der Juden durch das NS-Regime zu bezeichnen.

Ich habe den Roman hier angeführt, weil man ihn als ein Dokument betrachten kann, das für eine bestimmte Geistesströmung unserer Zeit symptomatisch ist. Er ist ein Beleg für das diffuse religiöse Bedürfnis und die religiöse Orientierungslosigkeit einer beträchtlichen Anzahl von Zeitgenossen, die auf Romane dieser Couleur ansprechen.

Wie in der allgemeinen Geschichte so gibt es auch in der Literaturgeschichte keine Gesetze, deshalb kennen wir auch keine Regeln für das Aufkommen schöpferischer Perioden. Wir können nicht vorhersagen, wie die Literatur von morgen aussieht. „Die Zeit verlangte ein Bildnis ihrer hektischen Grimasse", schreibt Ezra Pound. Wir können nur registrieren, daß literarische Bildnisse dieser Art von Rang derzeit nicht vorhanden sind. Einstweilen können wir nur an jene Autoren erinnern, die ein paar Romane und Essays hinterließen, die uns immer noch etwas zu sagen haben.

Literatur

Adorno, Theodor W.: *Jargon der Eigentlichkeit. Zur deutschen Ideologie.* Frankfurt 1964.

–: Kierkegaard noch einmal (1963). In: Adorno, *Kierkegaard.* Frankfurt 1979.

Albert, Hans: *In Kontroversen verstrickt. Vom Kulturpessimismus zum kritischen Rationalismus.* Wien 2007.

Anders, Günther: Über Brecht. In: *Mensch ohne Welt. Schriften zur Kunst und Literatur.* München 1993.

Bachtin, Michail: *Probleme der Poetik Dostoevskijs.* Dt. A. Schramm. Frankfurt 1985.

Balthasar, Hans Urs von: *Prüfet alles, das Gute behaltet.* Ostfildern 1986.

Benda, Julien: *Der Verrat der Intellektuellen.* Mit einem Vorwort von Jean Améry. Dt. A. Merin. Franfurt, Berlin 1984.

Bergengruen, Werner: *Der Großtyrann und das Gericht. Roman* (1935). München 1957.

–: *Die heile Welt. Gedichte* (1950). München o.J.

–: *Schriftstellerexistenz in der Diktatur.* Hg. Frank-Lothar Kroll u. a. München 2005.

Bernanos, Georges: *Journal d'un curé de campagne.* Paris 1963.

–: *Tagebuch eines Landpfarrers.* Dt. Jakob Hegner. Berlin 1970.

–: *Die begnadete Angst* (Dialogues des Carmélites). Dt. E. Peterich. Köln 1951.

Die Bibel. Altes und Neues Testament. Einheitsübersetzung. Freiburg 2010.

Die Bibel oder die ganze Heilige Schrift des Alten und Neuen Testaments. nach der deutschen Übersetzung D. Martin Luthers. Nach dem 1912 vom Deutschen Evangelischen Kirchenausschuß genehmigten Text. Stuttgart o.J.

Bloy, Léon: *Das Heil und die Armut.* Heidelberg 1953.

Böll, Heinrich: *Romane und Erzählungen* 1-5. Hg. v. B. Balzer. Köln o. Jahr

–: *Interviews* 1. Hg. B. Balzer. Köln o. Jahr.

–: Der gläubige Ungläubige. In: *Essayistische Schriften und Reden* 3, 247 – 250. Köln o.J. (abgekürzt: *Essays*)

–: *Fürsorgliche Belagerung.* Roman. München 1982.

Borges, Jorge Luis: Über Chesterton. In: *Ausgewählte Essays.* Dt. K.A. Horst u. a. Frankfurt 1982.

Bühler, Karl: *Sprachtheorie* (1934). Stuttgart 1982.

Butor, Michel: Balzac und die Wirklichkeit. In: *Kreuzfahrten durch die moderne Literatur*. Dt. H. Scheffel. Frankfurt 1984.

Canetti, Elias: *Das Geheimherz der Uhr. Aufzeichnungen 1973 bis 1985*. Frankfurt 1994.

Chesterton, G.K.: *Der stumme Ochse. Über Thomas von Aquin*. Dt. E. Kaufmann. Freiburg 1960.

Conrad, Joseph: *Spiel des Zufalls. Eine Geschichte in zwei Teilen*. Dt. F. Lorch. Frankfurt 1984.

Curtius, Ernst Robert: *Europäische Literatur und lateinisches Mittelalter*. Bern 1984.

Ditfurth, Hoimor von: *Innenansichten eines Artgenossen*. Hamburg 1990.

Döblin, Alfred: *Unsere Sorge der Mensch*. München 1948.

–: *Der unsterbliche Mensch. Der Kampf mit dem Engel*. Hg. A.W. Riley. Olten 1980.

–: *Hamlet oder Die lange Nacht nimmt ein Ende*. Olten 1982.

–: *Briefe*. Hg. H. Graber. München 1988.

–: *Schriften zu Ästhetik, Poetik und Literatur*. Hg. E. Kleinschmidt. Olten 1989.

–: *Briefe 2*. Hg. H.F. Pfanner. Düsseldorf 2001.

–: *Kleine Schriften 4*. Düsseldorf 2005.

–: *„Meine Adresse ist: Saargemünd"*. Hg. R. Schock. Merzig 2010.

Duden. Die deutsche Rechtschreibung. Hg. Werner Scholze-Stubenrecht u. a. Mannheim 2009.

Eco, Umberto: *Das offene Kunstwerk*. Dt. G. Memmert. Frankfurt 1977.

–: *Der Name der Rose*. Dt. B. Kroeber. München 1982.

–: *Die Grenzen der Interpretation*. Dt. G. Memmert. München 1992.

Endres, Elisabeth: *Die Literatur der Adenauerzeit*. München 1983.

Flasch, Kurt: *Warum ich kein Christ bin*. München 2013.

Fries, Heinrich: *Glaube im Gegenwind unserer Zeit*. Freiburg 1993.

Gadamer, Hans-Georg: *Wahrheit und Methode*. Tübingen 1965.

Goes, Albrecht: *Das Brandopfer, Das Löffelchen*. Frankfurt 1989.

Gombrich, Ernst H.: *Meditationen über ein Steckenpferd*. Frankfurt 1978.

–: *Die Krise der Kulturgeschichte*. München 1991.

Görres, Ida Friederike: Brief über die Kirche. *Frankfurter Hefte* 1. 1946.

–: Rez. Das Lied der Bernadette. Roman von Franz Werfel. *Frankfurter Hefte* 2. 1947.

Green, Julien: *Le revenant. Journal 1946-1950*. Paris o.J.

Greene, Graham: *The quiet American*. London 1973.

—: *Gespräche mit Marie-Françoise Allain.* Dt. M. Vanjakob. Reinbek 1985.

—: *Die Kraft und die Herrlichkeit.* Dt. Veza Magd (d.i. Veza Canetti). Hamburg 1989.

Groos, Helmut: *Christlicher Glaube und intellektuelles Gewissen. Christentumskritik am Ende des zweiten Jahrtausends.* Tübingen 1987.

Haag, Karl Heinz: *Metaphysik als Forderung rationaler Welterklärung.* Frankfurt 2005.

Haecker, Theodor: Christentum und Kunst. In: *Essays.* München 1958. 95 – 133.

—: Dialog über Christentum und Kultur. In: *Essays.* München 1958. 321 – 344.

—: *Tag- und Nachtbücher 1939 – 1945* (1947). München 1959.

—: *Was ist der Mensch? Der Christ und die Geschichte. Schöpfer und Schöpfung.* München 1965.

—: *Tag- und Nachtbücher 1939-1945.* Erste vollständige und kommentierte Ausgabe. Hg. Hinrich Siefken. Innsbruck 1989.

Häring, Bernhard: *Meine Hoffnung für die Kirche.* Freiburg 1997.

Heidegger, Martin: *Einführung in die Metaphysik* (1953). Tübingen 1976.

—: *Sein und Zeit.* Tübingen 1979.

—: *„Mein liebes Seelchen". Briefe Martin Heideggers an seine Frau Elfride, 1915-1970.* München 2007.

Die Heilige Schrift des Alten und Neuen Testamentes, nach den Grundtexten übersetzt und herausgegeben von Vinzenz Hamp, Meinhard Stenzel, Josef Kürzinger. Aschaffenburg: Pattloch Verlag 1962.

Heißenbüttel, Helmut: Erzählung von einem sentimentalen Wirrkopf und Trottel? Heinrich Bölls „Fürsorgliche Belagerung" und die Kritik. *Freibeuter* 4. 1980. 157-161.

Heist, Walter: Der Fall Döblin. *Neue deutsche Hefte* 5. 1958. 1117ff.

Henisch, Peter: *Der verirrte Messias* (2009). Roman. München 2011.

Hölderlin, Friedrich: *Sämtliche Werke.* Hg. Fr. Beißner. Frankfurt 1965.

Horkheimer, Max: Theismus – Atheismus. In: *Zur Kritik der instrumentellen Vernunft.* Frankfurt 1967.

—: Zu Theodor Haeckers „Der Christ und die Geschichte" (1936). In: *Kritische Theorie* 2. Frankfurt 1968.

Horst, Karl August: Überwindung der Zeit. In: Werner Lengning (Hg.), *Der Schriftsteller Heinrich Böll.* München 1972.

Jünger, Ernst: Über die Linie. *Sämtliche Werke* 7. Stuttgart 1980.

—: Siebzig verweht II. *Sämtliche Werke* 5. Stuttgart 1982.

Katechismus der katholischen Kirche. Neuübersetzung aufgrund der Editio typica latina. München 2003.

Klemperer, Victor: *Ich will Zeugnis ablegen bis zum letzten. Tagebücher 1942 – 1945.* Berlin 1996.

Knab, Jakob: Theodor Haecker und die Weiße Rose (Leserbrief). *FAZ* 14. 11. 2006. 8.

Kortner, Fritz: *Aller Tage Abend.* München 1969.

Kracauer, Siegfried: *Theorie des Films.* Frankfurt 1973.

Kraus, Karl: *Beim Wort genommen.* München 1974.

–: Vom großen Welttheaterschwindel. *Die Fackel* 24. 1922. Nr. 601-607.

Kroll, Frank-Lothar: Werner Bergengruens Tagebuchaufzeichnungen zum Dritten Reich. In: Bergengruen, *Schriftstellerexistenz.* 2005.

Kutschera, Franz von: *Ästhetik.* Berlin 1989.

Lämmert, Eberhard: Zur Literatur der sogenannten Inneren Emigration. *Neue Rundschau* 86. 1975.

Langgässer, Elisabeth: *Das unauslöschliche Siegel.* Roman. München 1989.

Lattarulo, Leonardo: Zwischen Mystizismus und Logik. In: B. Kroeber (Hg.), *Zeichen in Umberto Ecos Roman ‚Der Name der Rose'.* München 1989.

Le Fort, Gertrud von: *Die Letzte am Schafott. Novelle* (1932). München 1946.

Löwith, Karl: *Heidegger, Denker in dürftiger Zeit.* Göttingen 1960.

Lubac, Henri de: *Credo, Gestalt und Lebendigkeit unseres Glaubensbekenntnisses.* Dt. A. Schorn u. a. Einsiedeln 1975.

Lukács, Georg: Lob des neunzehnten Jahrhunderts. In: M. Reich-Ranicki (Hg.), *In Sachen Böll.* München 1973.

Maier, Hans: Reinhold Schneiders Leben und Werk. *Stimmen der Zeit* 133. 2008.

Mann, Thomas: *Die Entstehung des Doktor Faustus.* In: *Rede und Antwort.* Frankfurt 1984.

–: *Tagebücher 1933 – 1934.* Frankfurt 2003.

Marcel, Gabriel: *Die französische Literatur im 20. Jahrhundert.* Freiburg 1966.

Mosebach, Martin: *Häresie der Formlosigkeit. Die römische Liturgie und ihr Feind.* Wien 2003.

–: Walter Kempowskis glückliche Schuld. In: *Als das Reisen noch geholfen hat. Von Büchern und Orten.* München 2011.

Müller, Karlheinz: „... nicht gerade sympathischer trotz seiner Bekehrung". Elisabeth Langgässers zwiespältige Aussagen über Alfred Döblin. *Internationales Alfred-Döblin-Kolloquium* 2005.

Münchener Neues Testament. Studienübersetzung. Hg. Josef Hainz u. a. Düsseldorf 2004.

Münster, Clemens/ Eugen Kogon, Einleitung zu *Die Macht und die Herrlichkeit. Frankfurter Hefte* 3. 1948.

Das Neue Testament. Stuttgarter Kepplerbibel. Neu bearbeitet und mit Erläuterungen versehen von Peter Ketter. Stuttgart 1936.

Neues Testament. Übersetzt und erklärt von Otto Karrer. München 1959.

Nietzsche, Friedrich: *Werke.* Ed. K. Schlechta. München 1966.

Noack, Paul: *Carl Schmitt. Eine Biographie.* Berlin 1993.

Nossack, Hans Erich: Der Weg ins Verschweigen. In: Karlheinz Deschner (Hg.), *Was halten Sie vom Christentum?* München 1961.

–: *Die Tagebücher 1943-1977. Kommentarband.* Hg. G. Söhling. Frankfurt 1997.

Pascal, *Œuvres complètes.* Ed. J. Chevalier. Bibliothèque de la Pléiade. Paris 1954.

Petersen, Jürgen H.: *Der deutsche Roman der Moderne.* Stuttgart 1991.

Petit, Marc: *Die verlorene Gleichung. Auf den Spuren von Wolfgang und Alfred Döblin.* Frankfurt 2005.

Pieper, Josef: Symbol und Attrappe. In: *Weistum, Dichtung, Sakrament.* München 1954.

–: (Hg.): *Thomas von Aquin.* Frankfurt 1956.

–: *Über den Glauben. Ein philosophischer Traktat.* München 1962.

–: *Thomas von Aquin. Leben und Werk.* München 1986.

Popper, Karl R., John C. Eccles, *Das Ich und sein Gehirn.* München 1991.

Quack, Josef: Literatur und Terrorismus im letzten Jahrzehnt. In: *Die fragwürdige Identifikation.* Würzburg 1991.

–: Zur Darstellbarkeit äußersten Grauens. In: *Wolfgang Koeppen. Erzähler der Zeit.* Würzburg 1997. 71 – 82.

–: *Die Grenzen des Menschlichen. Über Georges Simenon, Rex Stout, Friedrich Glauser, Graham Greene.* Würzburg 2000.

–: *Geschichtsroman und Geschichtskritik. Zu Alfred Döblins „Wallenstein".* Würzburg 2004.

–: Wolfgang Koeppen im Kontext der Moderne. *Jahrbuch der internationalen Wolfgang Koeppen-Gesellschaft* 4. 2008. 21 – 39.

–: Sigismund von Radecki – ein Meister der kleinen Form. *Stimmen der Zeit* 133. 2008. 755 – 766.

–: *Diskurs der Redlichkeit. Döblins Hamlet-Roman.* Würzburg 2011.

–: *Wenn das Denken feiert. Philosophische Rezensionen.* Frankfurt 2013.

Radecki, Sigismund von: Karl Kraus und die Kirche. In: *Wie ich glaube.* Köln 1953. 35 – 36.

–: *Nebenbei bemerkt.* München 1954.

–: Über Theodor Haecker. In: *Weisheit für Anfänger.* Köln 1956. 145 – 150.

–: Reim und Hexameter. In: *Weisheit für Anfänger.* Köln 1956. 101 – 106.

–: Der Mensch und die Arbeit. In: *Weisheit für Anfänger.* Köln 1956. 301 – 322.

–: Umgang mit Kampfhähnen. In: *Das Schwarze sind die Buchstaben.* Köln 1957. 36 – 38.

–: Briefwechsel mit dem Zürcher Tages-Anzeiger. In: *Das Schwarze sind die Buchstaben.* Köln 1957. 155 – 187.

–: Urmensch und Erbsünde. In: *Das Schwarze sind die Buchstaben.* Köln 1957. 320 – 329.

–: Über die Freiheit. In: *Das Schwarze sind die Buchstaben.* Köln 1957. 329 – 376.

–: Der Gedanke der Schreibmaschine. In: *Die Welt in der Tasche.* München 1958. 203 – 211.

–: Die unbegreifliche Trivialität. In: *Ein Zimmer mit Aussicht.* Köln 1961. 94 – 103.

–: Das erste Dogma. In: *Gesichtspunkte.* Köln 1964. 48 – 59.

Rahner, Karl: Über die Möglichkeit des Glaubens heute. In: *Gegenwart des Christentums.* Freiburg 1966.

–: Grundkurs des Glaubens. Freiburg 1976.

Ratzinger, Joseph, Heinrich Schlier, *Lob der Weihnacht.* Freiburg 1982.

–: *Salz der Erde. Ein Gespräch mit Peter Seewald.* Stuttgart 1997.

– (Benedikt XVI.): *Jesus von Nazareth. Erster Teil, Von der Taufe im Jordan bis zur Verklärung.* Freiburg 2007.

Ricœur, Paul: *Zeit und Erzählung.* Bd. 1. Dt. R. Rochlitz. München 1988.

Rühmkorf, Peter: *Tabu I, Tagebücher 1989-1991.* Reinbek 1997.

Russell, Bertrand: *Warum ich kein Christ bin.* Dt. M. Steipe. Reinbek 1968.

–: *Autobiographie III. 1944-1967.* Dt. R. Weys. Frankfurt 1974.

Safranski, Rüdiger: *Ein Meister aus Deutschland. Heidegger und seine Zeit.* Frankfurt 2009.

Sartre, Jean-Paul: Für seine Epoche schreiben. In: *Der Mensch und die Dinge.* Reinbek 1978.

–: *Der Idiot der Familie.* Bd. 4. Dt. Traugott König. Reinbek 1978.

–: *Was ist Literatur?* Dt. T. König. Reinbek 1990.

Schaper, Edzard: *Die sterbende Kirche.* Roman. Frankfurt 1958.

Schapp, Wilhelm: *In Geschichten verstrickt. Zum Sein von Mensch und Ding.* Wiesbaden 1976.

Schmidt, Arno: Ein unerledigter Fall. Zum 100. Geburtstag von Gustav Frenssen. *Dialoge 3,93 – 141.* Zürich 1991.

–: *Briefwechsel mit Kollegen.* Hg. G. Strick. Frankfurt 2007.

Schmitt, Carl: *Glossarium. Aufzeichnungen der Jahre 1947 – 1951.* Hg. E. v. Medern. Berlin 1991.

Schneider, Reinhold: Rez., A. Döblin, Der unsterbliche Mensch. *Frankfurter Hefte* 1. 1946.

–: *Verhüllter Tag.* Köln 1956.

–: *Las Casas vor Karl V. Szenen aus der Konquistadorenzeit.* Frankfurt 1979.

–: *Winter in Wien. Aus meinen Notizbüchern 1957/58.* Freiburg 1984.

Schnitzler, Arthur: *Aphorismen und Betrachtungen.* Frankfurt 1967.

Schonauer, Franz: *Deutsche Literatur im Dritten Reich.* Olten 1981.

Schott, Anselm: *Das Meßbuch der heiligen Kirche.* Freiburg 1940.

Sciascia, Leonardo: *Todo Modo oder Das Spiel um die Macht.* Dt. H. Hofer. Frankfurt 1979.

–: *Schwarz auf schwarz.* Dt. C. Diering. München 1991.

Sieburg, Friedrich: Kunst und Glauben. In: *Nur für Leser.* München 1961.

Siefken, Hinrich: Zur Biographie Theodor Haeckers. In: Haecker, *Tag- und Nachtbücher* 1989.

Stöcklein, Paul: Das Rätsel der Romane Werfels. In: *Literatur als Vergnügen und Erkenntnis.* Heidelberg 1974.

Thomas von Aquin: *Summa theologiae* (S. th. pars, quaestio, articulus)).

Tugendhat, Ernst: *Selbstbewußtsein und Selbstbestimmung.* Frankfurt 1979.

–: *Anthropologie statt Metaphysik.* München 2007.

Vogt, Jochen: *Heinrich Böll.* München 1978.

Weinrich, Harald: *Textgrammatik der deutschen Sprache.* Mannheim 1993

Weizsäcker, Carl Friedrich von: *Aufbau der Physik.* München 1986.

Wilpert, Gero von: *Sachwörterbuch der Literatur.* Stuttgart 1989.

Wollschläger, Hans: *Karl May.* Zürich 1977.

Zimmermann, Peter: Literatur im Dritten Reich. In: Jan Berg u. a., *Sozialgeschichte der deutschen Literatur von 1918 bis zur Gegenwart.* Frankfurt 1981.